Nagasaki

長崎の教科書

大人のための

地元再発見

シリーズ

大人のための 地元再発見 シリーズ

Nagasaki

長崎の教科書

折り込みMAP
表 長崎県全図21市町網羅
裏 吉田初三郎式鳥瞰図
景勝の長崎/日本八景雲仙嶽交通図絵

CONTENTS

平戸市
九十九島
松浦市
松浦鉄道
伊万里市
宇久島
寺島
小値賀島
六島
上阿値賀島
平戸島
佐々町
佐々駅
佐々
佐世保駅
佐世保市
武雄市
佐賀県
有田町
佐世保線
頭ヶ島
小値賀空港
小値賀町
野崎島
下枯木島
高島
伊島
佐世保中央
西九州自動車道
黒島
早岐駅
嬉野市
波佐見町
ハウステンボス駅
川棚町
彼杵駅
長崎自動車道
大村線
長崎県
東そのぎ
鹿島市
長崎本線
有明海
大島
大立島
寺島
東彼杵町
上五島空港
江島
崎戸島
太良町
平島
新上五島町
中通島
西海市
大村湾
大村市
湯江駅
新大村駅
大村
有福島
松島
長崎空港
大村駅
諫早市
西郷駅
多比良駅
大三東駅
相ノ島
二島
長与町
諫早駅
諫早湾
若松島
池島
大蟇島
西彼杵半島
時津町
長崎多良見
吾妻駅
島原鉄道
奈留島
諫早
本諫早駅
姫島
久賀島
前島
島原市
雲仙市
愛野駅
島原駅
ツブラ島
浦上駅
椛島
西九州新幹線
長崎駅
島原港駅
多々良島
屋根尾島
長崎芒塚
橘湾
五島市
蠑螺島
長崎
伊王島
島原半島
福江空港
（五島つばき空港）
福江島
長崎市
南島原市
高島
黒島
中ノ島
端島
黒島
赤島
津多羅島
黄島
脇岬
樺島
野母崎
口ノ鼻
苓北町
熊本県
天草市
東シナ海
長島町
鹿児島県
男島
女島

長崎県全21市町MAP

長崎の略年表

時代		西暦	元号	長崎の歴史	日本の歴史
地質時代	先カンブリア紀	5億9000万年前		網掛海岸の岩石がつくられる	
	オルドビス紀	4億8000万年前		夫婦岩の岩石がつくられる	
	中世代白亜紀後期	8000万年前		長崎半島にティラノサウルスやハドロサウルスが生息	
	新生代古第三紀漸新世	3000万年前		七ツ釜鍾乳洞の石灰質砂岩層がつくられる	
	新生代新第三紀中新世	1500万年前		壱岐周辺の海でイキウス・ニッポニクスが生息	日本列島が大陸から分離
	新生代新第三紀鮮新世	500万年前頃		壱岐にステゴドン象が生息	日本列島がほぼ現在の形に
		430万年前		島原半島南端で海底火山が噴火	
		260万年前		全域で火山活動が活発化	
	新生代第四紀更新世	50万年前		雲仙火山、鬼岳が噴火を始める	
		3万5000年前		この頃福井洞窟が利用され始める	
原始時代	縄文時代	6000年前頃			温暖化で海面が上昇
	弥生時代	前300頃			稲作技術が広がる
古代	古墳時代	3世紀後半			ヤマト政権が成立
	飛鳥時代	645	大化元		大化の改新
		664	天智天皇3	対馬や壱岐島に防人が置かれる	
		667	天智天皇6	対馬の金田城が築かれる	
		701	大宝元	行基が雲仙温泉を開湯したとされる	
	奈良時代	710	和銅3		平城京遷都
		752	天平勝宝4		東大寺大仏開眼
	平安時代	794	延暦13		平安京遷都
		804	延暦23	空海と最澄が五島列島経由の遣唐使船で唐に渡る	
中世	鎌倉時代	1185	元暦2		壇ノ浦の戦いで平氏滅亡
		1274	文永11	文永の役で対馬や壱岐島などで甚大な被害	
		1281	弘安4	弘安の役で対馬や壱岐島などで甚大な被害	
	室町時代	1333	元弘3		建武の新政(~1336)
		1549	天文18		キリスト教が日本に伝来
		1550	天文19	フランシスコ・ザビエルが平戸でキリスト教を布教	
		1561	永禄4	平戸で宮ノ前事件が起こる	
		1571	元亀2	長崎が開港しポルトガル船が来航	
		1572	元亀3	三城城での戦い(三城七騎籠)	
		1573	元亀4/天正元		織田信長が足利義昭を追放し室町幕府滅亡
	安土桃山時代	1580	天正8	大村純忠が長崎をイエズス会へ寄進	
		1582	天正10	天正遣欧使節が長崎から出航	本能寺の変
		1590	天正18	天正遣欧使節が長崎へ帰港	豊臣秀吉の小田原平定
		1592	天正20		文禄の役
		1597	慶長元/2	長崎で26人のキリシタンが処刑される	慶長の役
		1598	慶長3	三川内焼が開窯	
		1600	慶長5		関ヶ原の戦い
近世	江戸時代	1603	慶長8		徳川家康が江戸幕府を開く
		1609	慶長14	平戸にオランダ商館が設置される	
		1622	元和8	55人のキリシタンが処刑される(元和の大殉教)	
		1634	寛永11	長崎に石造二連アーチ橋「眼鏡橋」が完成	
		1635	寛永12	外国船の入港が長崎のみに限定される	
		1636	寛永13	長崎に出島を築造	
		1637	寛永14	島原・天草一揆が起こる	
		1641	寛永18	オランダ商館が出島に移る	
		1653	承応2	雲仙温泉に最初の共同浴場が造られる	
		1654	承応3	黄檗宗の祖・隠元が長崎に来日	

時代		西暦(元号)		長崎の歴史	日本の歴史
近世	江戸時代	1689	元禄2	長崎に唐人屋敷が建設される	
		1786	天明6	絵師・川原慶賀生まれる	
		1823	文政6	シーボルトが長崎出島に到着	
		1828	文政11	シーボルト事件起こる	
		1853	嘉永6		ペリー浦賀に来航
		1855	安政2	幕府が長崎に長崎海軍伝習所を設置	
		1857	安政4	長崎鎔鉄所(後の長崎造船所)の建設始まる	
		1859	安政6	トーマス・グラバーが長崎へ来航	
		1861	文久元	トーマス・グラバーが大浦にグラバー商会を設立／ロシア軍艦対馬占領事件	
		1863	文久3	グラバー住宅完成	
		1865	慶応元	長崎で亀山社中が結成される	
		1867	慶応3		徳川慶喜が政権を返上(大政奉還)／王政復古の大号令
近代	明治時代	1868	慶応4／明治元	後に孫文の革命を支援する梅屋庄吉が生まれる／小菅修船場完成	戊辰戦争始まる／江戸城無血開城
		1869	明治2		東京遷都／版籍奉還
		1870	明治3	端島炭坑で石炭採掘が始まる	
		1871	明治4	長崎県の誕生	廃藩置県
		1876	明治9	旧佐賀県全域を合併し、長崎県の県域が最大に	
		1882	明治15	第1次長崎港改良工事、始まる	
		1894	明治27		日清戦争(～1895)
		1898	明治31	三菱長崎造船所木型場竣工	
		1901	明治34	対馬の金田城跡に砲台が設置される	
		1904	明治37	三菱長崎造船所　占勝閣建造	日露戦争(～1905)
		1905	明治38	三菱長崎造船所　第三船渠竣工	
		1909	明治42	三菱長崎造船所ジャイアント・カンチレバークレーン設置	
	大正時代	1914	大正3		第一次世界大戦(～1918)
		1923	大正12	長崎と上海を結ぶ定期航路の運航が始まる	関東大震災
現代	昭和時代	1934	昭和9	雲仙天草国立公園が日本初の国立公園のひとつに指定される	
		1941	昭和16		太平洋戦争始まる
		1945	昭和20	長崎市に原爆が投下される	天皇が「終戦の詔書」を放送
		1951	昭和26	永井隆、死去	
		1952	昭和27	「長崎大干拓構想」の発表	
		1955	昭和30	日本初の海峡横断橋「西海橋」開通	
		1959	昭和34	端島(軍艦島)の人口密度が世界一に	
		1966	昭和41	遠藤周作の『沈黙』が出版される	
		1974	昭和49	端島炭坑が閉山され、端島(軍艦島)が無人島になる	
		1986	昭和61	国営諫早湾干拓事業、始まる	
	平成時代	1990	平成2	平成新山誕生を促す噴火が始まる	
		1992	平成4	ハウステンボスがオープン	
		2002	平成14	諫早湾の潮受け堤防を一時開門、環境調査の実施	
		2011	平成23	鷹島海底遺跡で元の沈没船が発見	東日本大震災
		2014	平成26	長崎県のクロマグロ養殖の生産量が日本一に	
		2015	平成27	「明治日本の産業革命遺産 製鉄・製鋼、造船、石炭産業」が世界遺産に登録される	
		2018	平成30	「長崎と天草地方の潜伏キリシタン関連遺産」が世界遺産に登録される	
	令和時代	2022	令和4	「対馬の盆踊」が、風流踊の一つとしてユネスコ無形文化遺産に登録される	

Nagasaki Heritage

長崎のユネスコ世界遺産

長崎県には、2つのユネスコ世界文化遺産が登録されている。ひとつは2015年に登録された「明治日本の産業革命遺産　製鉄・製鋼、造船、石炭産業」(☞P104)。もうひとつは、2018年登録の「長崎と天草地方の潜伏キリシタン関連遺産」(☞P100)だ。

❶❷❸❹❺❻❼

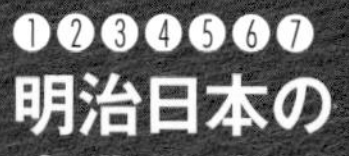

明治日本の産業革命遺産

製鉄・製鋼、造船、石炭産業

日本の近代化を牽引した産業遺産で、全国各地に23の構成資産が点在するうち、長崎県にはほぼ3分の1にあたる8件がある。いち早く近代化した造船所や高品質かつ産出量の多い炭坑は、日本の発展に大きく貢献した。

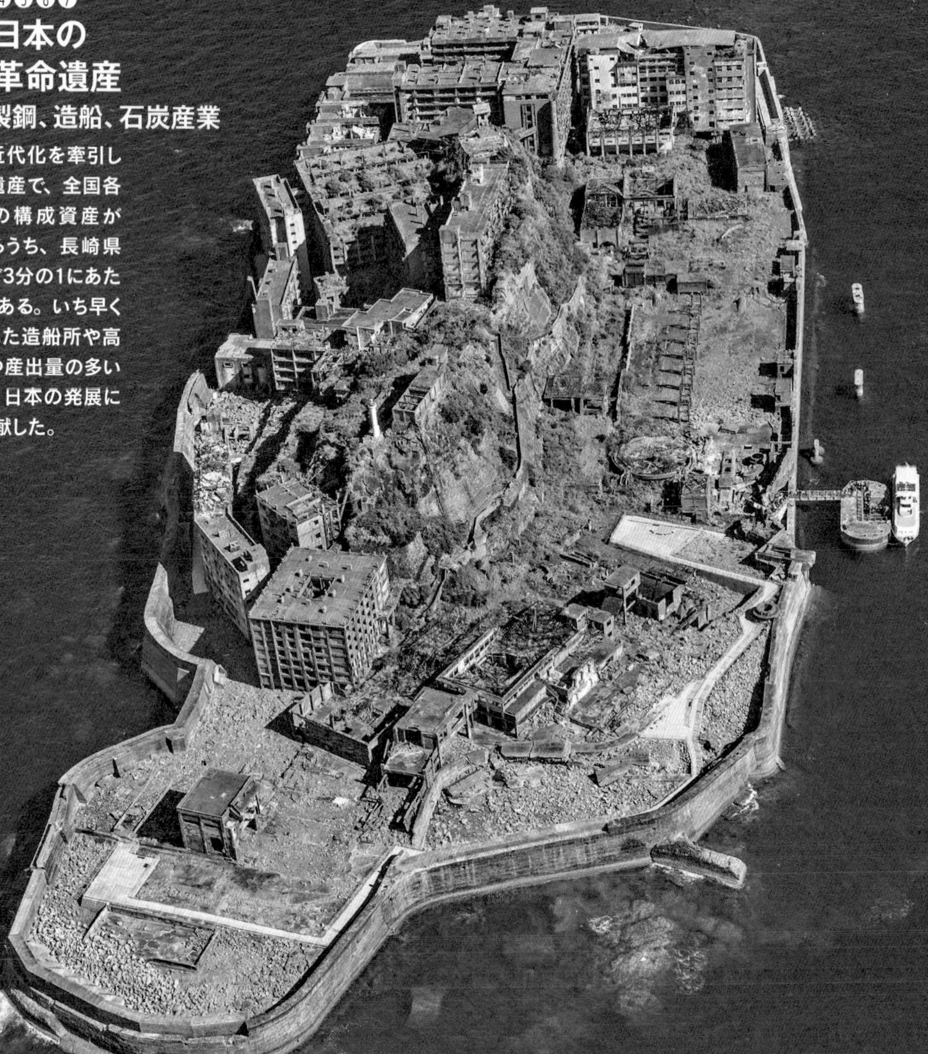

❶

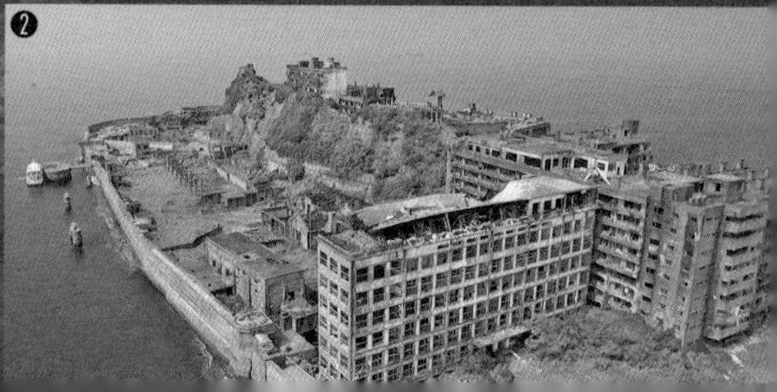

❷

❶❷軍艦島の異名を持つ端島(はしま)炭坑。日本初の鉄筋コンクリート住宅が建ち、最盛期の人口密度は東京の約9倍
❸長崎造船所所長邸宅の木造洋館。明治期に宿泊した皇族が「風光景勝を占める」意味で「占勝閣(せんしょうかく)」と命名
❹竣工当時、東洋最大のドックだった三菱長崎造船所第三船渠(せんきょ)
❺❻❼旧グラバー住宅。文久3年(1863)に建造された貿易商トーマス・グラバーの接客所兼住居

⑧⑨⑩⑪⑫⑬⑭⑮

長崎と天草地方の潜伏キリシタン関連遺産

キリスト教が禁教となり宣教師不在のなか、仏教・神道など日本の伝統的宗教や社会と関わりながら信仰を続けた潜伏キリシタン。200年以上にわたる伝統的な信仰の証が長崎県の11ヵ所に点在する。

❽元治元年(1864)にパリ外国宣教会のフランス人司祭らによって創建された大浦天主堂
❾大正7年(1918)に、信徒が共同し、キビナゴ漁で得た資金で奈留島に建てた江上天主堂
❿死を覚悟で来日したド・ロ神父が明治15年(1882)に私財を投じて建てた出津教会堂
⓫迫害が終わって五島列島の頭ヶ島に戻った人々が大正8年に建設した頭ケ島天主堂
⓬⓭佐世保市にある黒島天主堂。レンガ造りのロマネスク様式
⓮寛永14年(1637)、島原・天草一揆(☞P68)の舞台となった原城跡
⓯棚田が広がる春日集落。潜伏キリシタンの当時の暮らしを伝える

Nagasaki Heritage

長崎の国宝

長崎県の国宝となっている建造物は、全部で3件。世界文化遺産でもある大浦天主堂と、崇福寺の大雄宝殿と第一峰門だ。

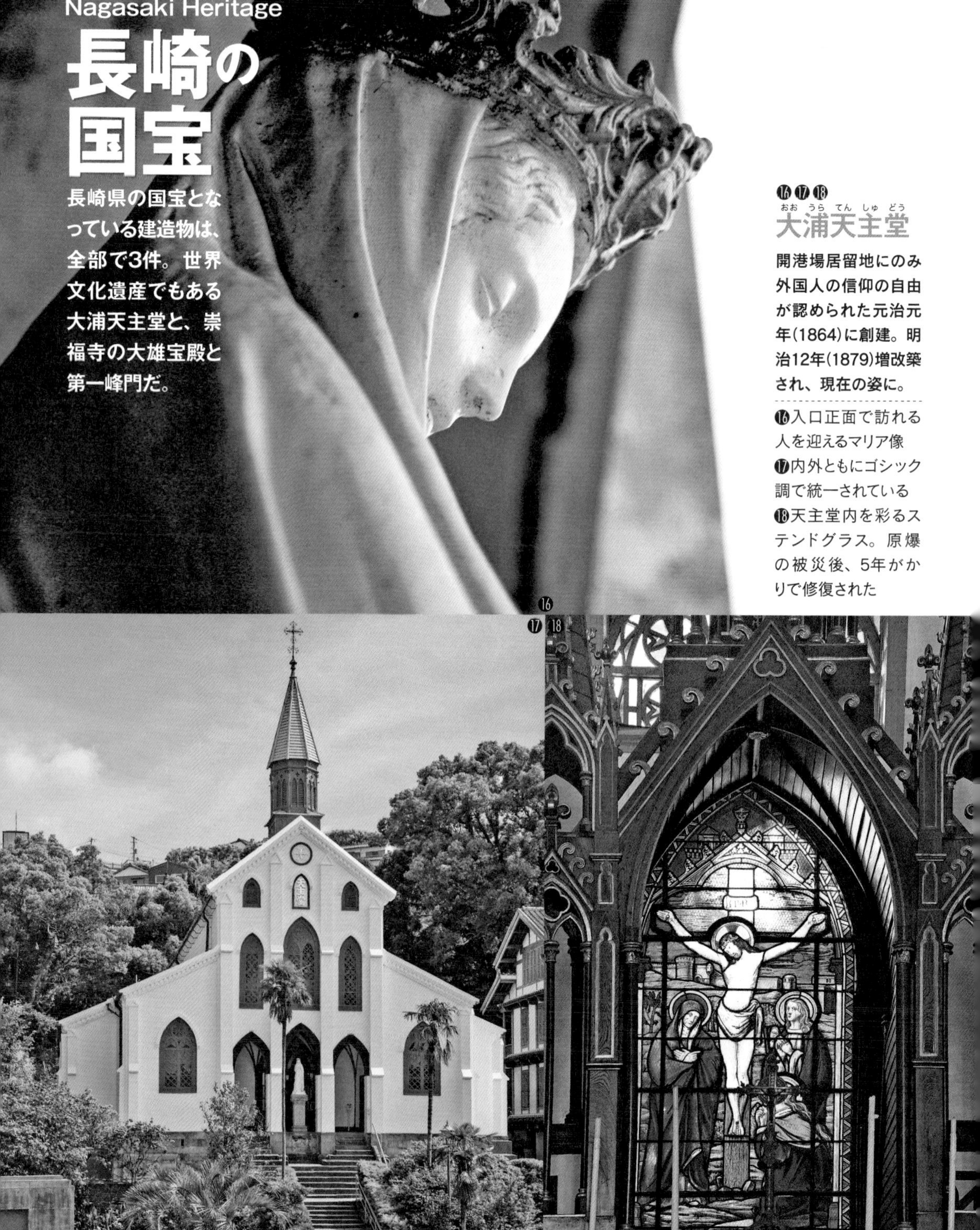

⑯⑰⑱

大浦天主堂

開港場居留地にのみ外国人の信仰の自由が認められた元治元年(1864)に創建。明治12年(1879)増改築され、現在の姿に。

⑯入口正面で訪れる人を迎えるマリア像
⑰内外ともにゴシック調で統一されている
⑱天主堂内を彩るステンドグラス。原爆の被災後、5年がかりで修復された

⑯

⑰ ⑱

⑲⑳

崇福寺大雄宝殿

中国福建省福州地方の人々の希望で寛永6年(1629)に渡来した唐僧超然が創建。福州寺とも呼ばれ、唐風の意匠が目を引く。市内で現存最古の建物。

⑲⑳釈迦(大雄)を本尊とする仏殿。前面廊下のアーチ型天井や軒回りの持ち送りなどすべて中国で切り組み、船で運ばれたと思われる

㉑

崇福寺第一峰門

中国で切り組んだ木材を、元禄8年(1695)に唐船に分載して運び組み立てた。軒下の複雑緻密な組物が特徴。

㉑雨がかり部分は朱丹塗りで、軒下軒裏には極彩色の吉祥模様が施されている

Nagasaki Heritage

長崎の国立公園

西海国立公園と雲仙天草国立公園という2つの国立公園を有する長崎県。前者は長崎県北西部の海域に広く位置し、後者は熊本県や鹿児島県に属する地域もあるが、雲仙を中心に多くは長崎県南東部に広がっている。

㉒㉓

西海国立公園

佐世保の九十九島から生月・平戸島、五島列島まで続く400余りの島々からなる多島海景観が特徴の公園。

㉒五島列島の福江島西海岸にある高浜。海の透明度の高さと美しい砂浜が特徴

㉓佐世保湾外側から平戸まで約25kmの海域に点在する九十九島。リアス海岸の島影が美しい

㉔

㉕

㉖

㉔㉕㉖

雲仙天草国立公園

昭和9年(1934)に日本初の国立公園のひとつとして誕生。長崎県内では湯けむり漂う雲仙岳(温泉岳)と活火山地域の大自然が貴重とされている。

㉔諫早湾を挟み白木峰高原から見る早朝の雲仙の遠望

㉕有明海上空から見る平成新山や普賢岳と山麓の鎌田町

㉖5月にミヤマキリシマが雲仙の仁田峠を埋め尽くす

Nagasaki Heritage

長崎の特別名勝・特別史跡

長崎県内で国が指定する特別名勝になっているのは温泉岳(雲仙岳)。特別史跡としては原の辻遺跡(☞P46)と金田城跡(☞P52)の2カ所が登録されている。いずれも長崎の自然と文化の歴史を物語っている。

27 28 29 30

特別名勝 温泉岳

登録名は「温泉岳」だが、一般表記は雲仙岳。島原半島中央にあり、普賢岳などの火山群や田代原の草原地帯、諏訪池の湖水を含む。

27大火砕流を伴った普賢岳の平成大噴火で誕生した平成新山
28ミヤマキリシマが咲く池の原園地からみた雲仙岳。圧巻の色彩美
29雲海が広がる朝、紅葉の仁田峠越しに見る普賢岳と平成新山
30硫黄の匂いが立ち込め、ふき出す蒸気と熱気で覆われる雲仙地獄

31

31 32

特別史跡 原の辻遺跡

『魏志』倭人伝に記された一支国の王都と特定された場所。紀元前2～3世紀から後3～4世紀にかけ形成された大規模な多重環濠集落がある。

31 32 現在は「原の辻一支国王都復元公園」に。集落の広さは東西、南北約1km四方。物見櫓や見張り人が控える番小屋などが再現された

32

特別史跡 金田城跡

対馬にある標高275mの山頂に、天智6年(667)に築造された山城。白村江の戦いの後、唐・新羅の日本侵攻に対応する西国防衛のために築かれた。

33 34 全長約2.6kmにわたって残る石塁が天然の要塞ぶりを伝える。尾根沿いに石塁を巡らす朝鮮式山城形式

33 34

長崎駅

開業年月日 明治30年（1897）7月22日
※現在の浦上駅。「長崎駅址」の碑あり
明治38年（1905）4月5日
※現在の長崎駅

- **JR九州**
  - 西九州新幹線
  - 長崎本線
  - 大村線
- **長崎電気軌道**

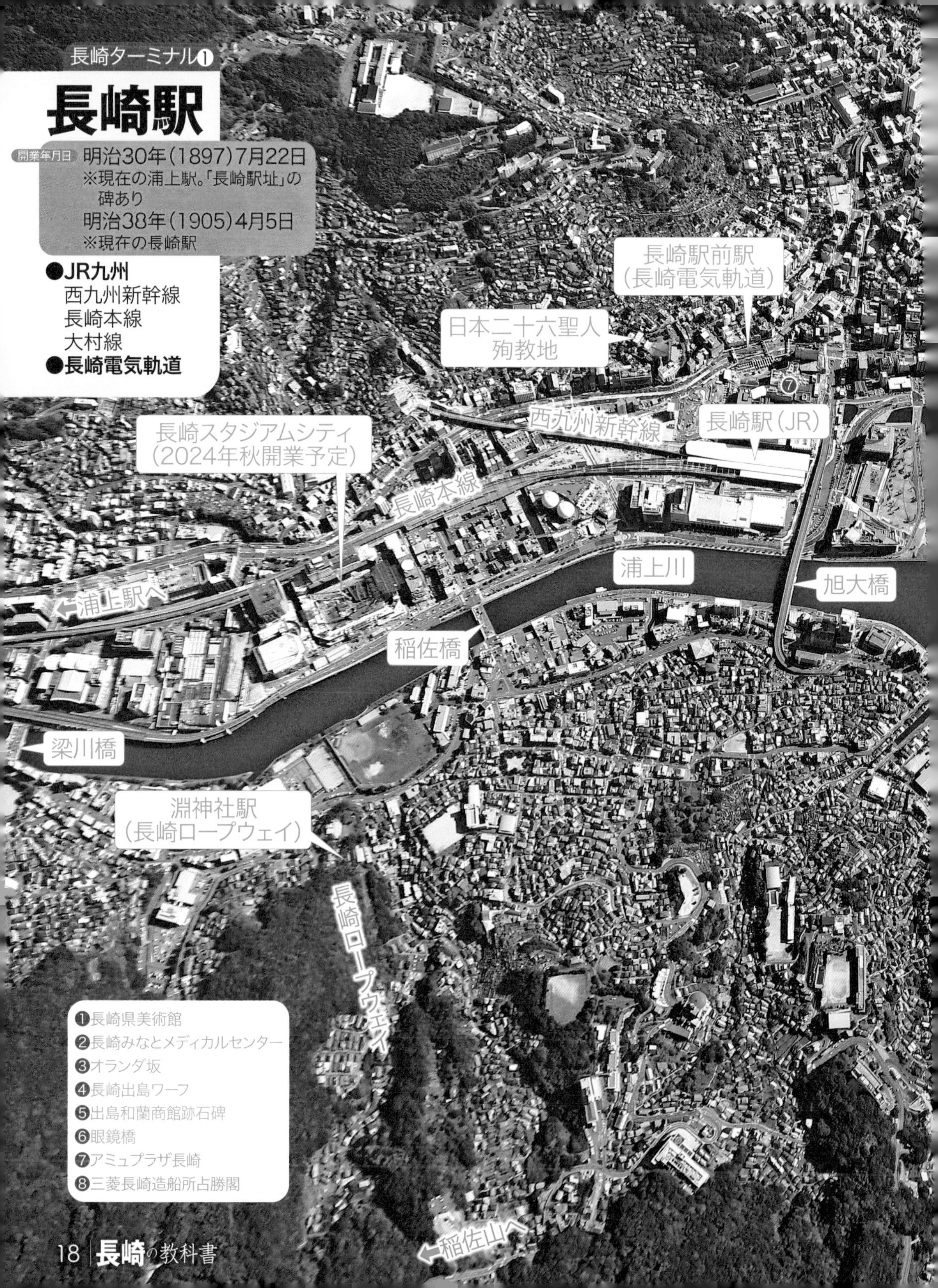
長崎駅前駅（長崎電気軌道）
日本二十六聖人殉教地
西九州新幹線
長崎駅（JR）
長崎スタジアムシティ（2024年秋開業予定）
長崎本線
浦上川
旭大橋
浦上駅へ
稲佐橋
梁川橋
淵神社駅（長崎ロープウェイ）
長崎ロープウェイ
稲佐山へ
❶長崎県美術館
❷長崎みなとメディカルセンター
❸オランダ坂
❹長崎出島ワーフ
❺出島和蘭商館跡石碑
❻眼鏡橋
❼アミュプラザ長崎
❽三菱長崎造船所占勝閣

長崎半島の根元、浦上川が長崎港に流れ込む河口にある長崎県の代表駅。西九州新幹線の開業をみすえて2020年3月に現在の場所に移動。5代目になる新長崎駅舎は高架ホームから稲佐山や海、コンコースから二十六聖人殉教地が望めるなど眺望に配慮した明るく開放的なつくりになっている。日本で唯一、新幹線と在来線が乗り入れる終着駅。

佐世保駅

開業年月日 明治31年（1898）1月20日

●**JR九州**
佐世保線
●**松浦鉄道**
西九州線

❶佐世保中央駅（松浦鉄道）
❷中佐世保駅（松浦鉄道）
❸佐世保市体育文化館
❹アルバカーキ橋
❺させぼ五番街
❻新みなとターミナル
❼海上自衛隊倉島庁舎
❽海上自衛隊佐世保史料館（セイルタワー）
❾海上自衛隊佐世保地方総監部
❿佐世保重工業

軍港の町として栄えた歴史のある佐世保は、かつて日本海軍の鎮守府が置かれたことから、鉄道の開通も早く、佐世保駅が開業した。鎮守府廃止後は、海上自衛隊が施設の一部を使用している。佐世保駅は港に面した旅情ある終着駅であり、JR最西端の駅。乗り入れている松浦鉄道は日本最西端の鉄道で、路線上のたびら平戸口駅が日本最西端の駅。

撮影：2023年10月30日

長崎ターミナル❸

ハウステンボス駅

開業年月日 平成4年(1992)3月10日

●JR九州
大村線

「シーサイドライナー」という列車名の快速列車が走り、車窓に大村湾の絶景が見られる大村線の駅。沿線にハウステンボスがオープンするのにともなって開業した。ホームのすぐ隣の水辺は、早岐瀬戸（はいきせと）と呼ばれる海峡で海にもっとも近い駅のひとつ。駅舎は2010年にリニューアルされ、博多からの特急「ハウステンボス」の終点となっている。

【ハウステンボス オフィシャル5ホテル】
❶ホテルヨーロッパ
❷ホテルアムステルダム
❸ホテルデンハーグ
❹フォレストヴィラ
❺ホテルロッテルダム

【オフィシャル&パートナーシップホテル】
❻ホテルオークラJRハウステンボス
❼ホテル日航ハウステンボス

撮影：2023年10月30日

長崎の主要駅の利用者数

佐世保 人員数

JR九州 ………… 3118人

松浦鉄道 ……… 1761人

大村 人員数

1897人 ………… JR九州

ハウステンボス 人員数

JR九州 ………… 1138人

諫早 人員数

4542人 ………… JR九州

1634人 ……… 島原鉄道

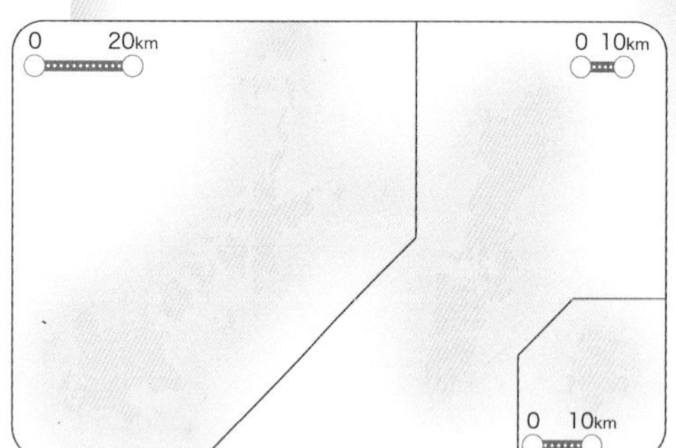

長崎県は、
JR九州の長崎本線と佐世保線、
大村線のほか、
松浦鉄道と島原鉄道が走っている。
また2022年9月には長崎と
佐賀県の武雄温泉との間を結ぶ
西九州新幹線が開業し、
長崎へのアクセスがより便利になった。
また長崎市内では路面電車が
全5系統で運行。
市民の足として活躍している。

長崎 人員数

JR九州 ………… 7853人

長崎電気軌道（長崎駅前停留場）……… 7200人

島原 人員数

767人 ……… 島原鉄道

（註記）
JR九州は、2022年度の1日平均の乗車人員数（降車の人員などは含まない）
長崎電気軌道、島原鉄道、松浦鉄道は、2022年度の1日平均の乗降人員数

理科

地殻変動と火山活動、海面変動がもたらした長崎県の稀有な地形

かきどまり白浜にある奇岩「傘岩」▲

始まりはプレート移動

長崎県は島が多く、海岸線が長いことで知られる（☞P92）が、このような地形になった歴史は、4段階に大別される。始まりはプレート移動だ。先カンブリア紀の約25億～約5億4000万年前のどこかの時点から中生代白亜紀（約1億4500万～約6600万年前）が終わる頃までに、南半球や、中国南部から台湾付近にかけてあった大陸が、プレートに乗って移動してきた。そのプレートとは、今は存在せず、ユーラシア大陸の下に沈み込んで消えた海洋プレートで、日本列島の原型をつくったイザナギプレートだ。

長崎県の成り立ち

代	紀	年代	出来事
新生代	第四紀	1995年	平成新山誕生
新生代	第四紀	約50万年前	雲仙火山が噴火を始める
新生代	新第三紀	約260万年前	ほぼ全域で火山活動が活発化
新生代	新第三紀	約430万年前	島原半島が早崎半島から形成開始
新生代	新第三紀	約500万年前	沖縄トラフが開き始める
新生代	新第三紀	約1500万年前	日本列島が大陸から分離
新生代	古第三紀	約4200万年前	日本列島が大陸の一部で、九州の南から対馬付近にかけて入り江ができていた
中生代		約6600万年前	赤崎鼻・神ノ島などに地層が分布。
古生代		約2億5000万年前	高島や端島などにはこれ以降の地層が分布
先カンブリア紀		約5億4000万年前	約25億～約5億4000万年前から約6600万年前までに大陸が移動
先カンブリア紀		約46億年前	地球誕生

続いて一帯は、静かで温暖な海の時代に入った。白亜紀後期から古第三紀（約6600万～約2300万年前）で、この頃の海の堆積物が、長崎半島最西南端の野母崎半島や高島や端島、伊王島など半島近隣の島々の地質を形成した。白亜紀後期で約8000万年前＊の三ツ瀬層や古第三紀の赤崎層群、高島層群、伊王島層群、西彼杵層群は、この時代の堆積層で、県内で最も古い地層を有する地域だ。

火山活動と海面変動の結果

第3段階は、約2300万年前から始まる新第三紀に起こった激しい火山活動の時代だ。ユーラシアプレートにフィリピン海プレートが潜り込む地殻変動によって火山活動は活発化し、壱岐島（☞P34）から平戸市、五島列島（☞P32）などに大きな火山活動が続いた時期である。

そして第4段階は260万年前頃から現在に至る海面変動の時代だ。火山活動が続く一方、氷期と比較的温暖な間氷期が繰り返される中、氷期には海面が低下するために、五島列島が九州本土と陸地でつながり、間氷期には海面が上昇するために、海岸近くは沈下して多くの島嶼が現れ、リアス式海岸が形成された。

＊当初、三ツ瀬層は、約8100万年前の地層とされていたが、近年の研究で約8000万年前と変更された

また、この時期は地形形成の時代でもあり、約850万年前に一旦は海水面まで浸食されて平原になっていた西彼杵半島や野母崎半島の山並みが隆起。これらの隆起準平原が発達する過程で、河川ができ、河成段丘や沖積平野が形成され現在のような地形となった。

対馬

更新世中頃までアジア大陸と陸続きで、約10万年前に朝鮮半島と切り離され、約2万年前に日本列島と離れて誕生したと推測されている

柿泊(かきどまり)

西彼杵半島のかきどまり白浜。「傘岩」(別名りんご岩)の奇岩がある。約570～450万年前の火山噴火による長崎火山岩が波で洗われ、この姿に。高さ約15m

成り立ちを示す場所

猿岩

壱岐島西部で見られるのは、第四紀更新世に噴出した玄武岩の海食崖。その中でそっぽを向いた猿に似ているためこの名がついた

塩俵断崖(しおだわら)

平戸市にあり、約1000～約600万年前の海底火山で誕生し、隆起した溶岩台地に玄武岩が重なり、波に削られて生まれた柱状節理の奇岩群。南北約500mに及ぶ

瀬詰崎(せづめざき)

島原半島南端の早崎半島の突端にあり、約430万年前、島原半島の中でも最初に姿を現した半島。幅約5kmの早崎瀬戸を挟んで天草下島と向かい合う

鐙瀬溶岩海岸(あぶんぜ)

五島列島福江島にある鐙瀬溶岩海岸は、約5万年前の火山活動で流れた溶岩からなるが、その後、海面上昇によって現在の景観となった

端島

端島や高島、沖ノ島、伊王島などは、約5000～3000万年の古第三系高島層群や約3400万～2300万年前の伊王島層群などの地層からなる

夫婦岩

ともに高さ11mで男岩は周囲24m、女岩は周囲26m。約4億8000万年前の変はんれい岩、近くの網掛海岸は約5億9000万年前の岩石

平成新山

平成2年(1990)から5年間続いた雲仙岳(☞P36)の火山活動で、平成3年から13の溶岩ドームが誕生。最初の溶岩ドームが「平成新山」

ティラノサウルスを筆頭に、長崎半島で発見続々！白亜紀後期の恐竜化石群

2021年にオープンした長崎市恐竜博物館▶

長崎と恐竜の深い関係

“恐竜”という訳語を日本で最初に教科書で使用したのは、長崎県出身で“日本の古生物学の父”といわれる東京帝国大学教授の横山又次郎（1860～1942年）。まだ日本でどのような化石が産出されるのかも把握されていない時代に、日本各地の化石を場所ごとに報告するという分類学的記載を始めたのが横山教授だったのである。明治末期から昭和初期に出版された横山博士の標本は、後の日本の古生物研究に大きな足跡と意義をもたらした。

そんな長崎で、2010年、鳥脚類ハドロサウルス上科の左大腿骨の化石が見つかった。場所は長崎半島西海岸で、三ツ瀬層（推定約8400万年前）からの産出だった。2年後、今度はハドロサウルス上科の右大腿骨の化石が、長崎市北浦町の海岸で発見された。約8000万年前の三ツ瀬層からで、化石から類推すると前者は全長約10m、後者は全長約6m。さらに2017年には長崎半島西海岸で、ハドロサウルス上科の左肩甲骨が産出され、その全長は約9mと推測されている。

ハドロサウルス上科は、白亜紀に生息した鳥脚類の代表的な恐竜で、アヒルのようなク

長崎県内の三ツ瀬層と産出化石

西海市
大村湾
大村市
有明海
諫早市
雲仙市
島原市
雲仙天草国立公園
長崎市
南島原市
長崎半島
ティラノサウルスの歯やハドロサウルス上科の左肩甲骨
ハドロサウルス上科の右大腿骨
ハドロサウルス上科の左大腿骨
三ツ瀬層の分布地域
0　5km

◀長崎県内の三ツ瀬層は、当初約8100万年前と推測されていたが、ティラノサウルスの歯化石が発見されたことにより、約8000万年前の地層と判明した

▲カイギュウの仲間のジュゴン。インド洋や太平洋などの温かく浅い海に棲み、日本の沖縄などにも生息しているが、その数は50頭以下で絶滅が危惧されている

◀発見された化石から、群れで生息していたと考えられているハドロサウルス上科の復元図（画像：長崎市恐竜博物館　作画：月本佳代美）

▼右が2022年に見つかったティラノサウルスの歯化石、中央と左は2015年に産出した歯化石（写真：長崎市恐竜博物館・福井県立恐竜博物館）

▼ハドロサウルス上科に属するエドモントサウルスの骨格参考図。見つかった左肩甲骨は、下記の緑色の部分（画像：長崎市恐竜博物館・福井県立恐竜博物館）

◀白亜紀後期後半に大型化したと考えられているティラノサウルス。長崎の化石は大型化時代のもの（画像：長崎市恐竜博物館　作画：月本佳代美）

チバシを持つことからカモノハシ竜とも呼ばれる。歯の数が非常に多く、体重は5tもあり、通常は二足歩行だが、四足でも歩ける水陸両性。主にアジアやアメリカ東部に生息した草食恐竜だ。日本最古の化石は福井県で発見された白亜紀前期のものだが、長崎の化石は、いずれも白亜紀後期のものだった。

ティラノサウルスも生息

2015年と2022年に長崎半島西海岸の約8000万年前の三ツ瀬層から産出されたのが、ティラノサウルスの歯化石だ。化石から全長10m以上の大型と推測されている。ティラノサウルスもアジアから北米にかけて生息していた肉食恐竜で、ハドロサウルスとほぼ同時期に同じ場所を闊歩していたことになる。北米で発見された化石から、ティラノサウルスがハドロサウルスを捕食していた痕跡が見られ、ハドロサウルスが群れをなしていたのは、ティラノサウルスなどの肉食恐竜から身を守る意味もあったのではと推測されている。

昭和55年（1980）に発見され、2023年に正体が判明したのは、ジュゴンやマナティの仲間の海牛目に属するカイギュウの化石で、太平洋最古という貴重なものだった。カイギュウは暖かい地域の海や川に生息し、海草や水草などをエサとする哺乳類。産出されたのは、長崎県西海市崎戸町の約3300万年前の地層で、肋骨21本と背骨4本などが含まれ、全長は2m弱の小型の固体と推測されている。興味深いことに、化石を発見した中学生が、43年後に福井県立恐竜博物館の宮田和周総括研究員とともに化石解明に一役買った倉敷芸術科学大学の加藤敬史教授。化石発見から哺乳類の化石研究に従事してきた結果、見事にその正体を明らかにすることになったのである。このほかにも、白亜紀の鳥脚類アナトティタンや二枚貝、古第三紀から新第三紀にかけての巻貝、始新世のオウムガイほか、長崎県内では実に多くの化石が産出されている。

世界に類を見ない光景！石灰藻が地上で描く化石の森と地中に展開する七ツ釜鍾乳洞

化石の森が公開される春まつり時期の菜の花▲

石灰藻がつくる稀有な光景

西彼杵半島西海岸に位置する西彼杵半島県立自然公園。その一角に、日本の風景とは思えないほど豪快な奇岩が林立する「化石の森」がある。近くの地下に張り巡らされているのは七ツ釜鍾乳洞。国の天然記念物にも指定されており、登録名称は七釜鍾乳洞。

昭和3年（1928）に、地元の小学校教員たちが数回の調査を経て発見した。洞窟の総延長は1600m以上あり、洞窟数は35カ所。中心を形成する清水洞内の250m地点までが、観光用見学ルートとして公開されている。

奇岩と鍾乳洞の正体はいったい何？　日本にある多くの鍾乳洞は、2～3億年前に堆積した石灰岩が雨水や地下水で溶食されたものだ。その石灰岩は貝殻やサンゴなどカルシウムを多く含んだ海の生物の死骸の堆積物。

それに対し、七ツ釜鍾乳洞や化石の森を形成しているのは、石灰藻球砂質石灰岩と呼ばれる石灰藻の化石。石灰藻とは、藻類のうち、細胞内などに炭酸カルシウムを含んで体が硬くなった藻類のことで、前出の石灰岩とは異なる。その地層の石灰質砂岩層は、約3000万年前に暖かい海の底に堆積した薄い層が何百、何千と積み重なってできたものだ。

◀新生代古第三紀漸新世の堆積岩が風化してつくられた奇岩が林立する「化石の森」。堆積層が幾重にも積み重なっているのがわかる

▲化石の森や七ツ釜鍾乳洞を形成するもととなった球状の石灰藻。この珍しい化石を鍾乳洞内で見ることができる

❶清水洞入り口から55m地点にある清水の滝。落差6mで、洞内5カ所ある滝の中で最大。水の流れる音がこだまする

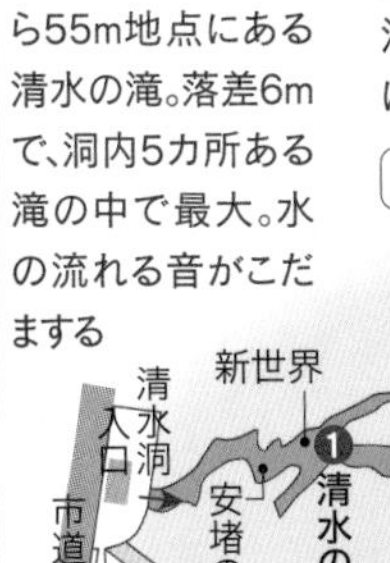

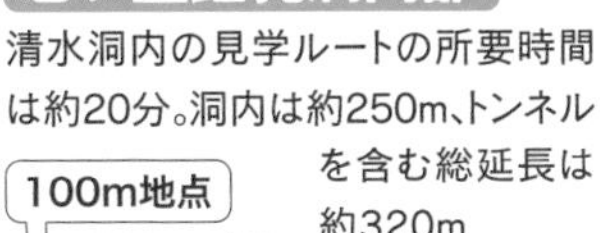

七ツ釜鍾乳洞内部

清水洞内の見学ルートの所要時間は約20分。洞内は約250m、トンネルを含む総延長は約320m

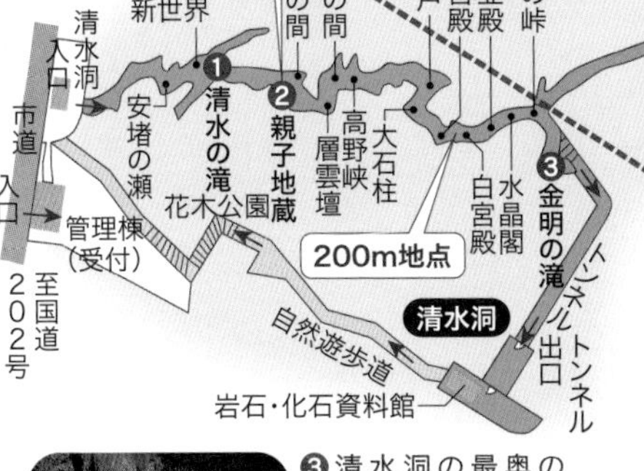

❷清水洞の入り口から100mほどのところにある親子地蔵。頭の丸い双頭の石筍のため、この名がついた

❸清水洞の最奥の250m地点にある金明の滝。黄金色の滝状鍾乳石。フローストーンの一種のリムストーンも見られる

洞内のあちこちで見られる斜面を流れる水が沈積したフローストーン。地下水中の石灰分が結晶化することで生まれる

水滴が落下した後に方解石結晶の輪を残しながら下方に成長し、中空の管となる鍾乳管(P30、31洞内写真すべて:七ツ釜鍾乳洞)

化石の森は、それが大陸移動と火山活動の結果、高さ5m前後の巨大な一枚岩として隆起。隆起の際にできた表面のひびに、雨水などで溶食が進み、現在のような奇岩となった。一方、地下で石灰岩質砂岩の亀裂に沿って発達したのが鍾乳洞。石灰岩質砂岩のために石灰分が石灰岩より少なく、つらら石や石筍(せきじゅん)は他の鍾乳洞と比べると控えめだが、フローストーン*(流れ石)があちこちで見られる。

石灰藻だけが集中した化石からなる鍾乳洞は世界でも珍しく、数億年前の古生代の石灰岩ではなく、約3000万年前の新生代の石灰質砂岩からなる点でも珍しい。

謎が多い鍾乳洞

地上に降った雨水が地下に沁み込んで岩石を溶かし、300〜500年に1cmという長い時間をかけて形成される鍾乳石。1年を通して洞窟内は14〜16℃に保たれ、入り口付近だけでもつらら石や石筍、石柱、鍾乳石がストロー状に成長した鍾乳管、フローストーンなど18種の鍾乳石が見られる。洞窟内では、クボタノコギリヤスデなど珍しい洞窟生物が47種以上も生息しているという。また、七ツ釜鍾乳洞は今なお、全容を確認できていない長大な洞窟群で、清水洞の奥は入洞禁止エリアとなっている。

しかし、「地底探検ツアー」に事前予約すれば、未公開ゾーンのうち、最深部のひとつである千枚積(せんまいづみ)まで、専門のガイド付き(往復約2時間)で入ることができる。電気施設や通路が整備されておらず、ほふく前進する場もあるが、文字通りの地底探検で、自然の神秘に触れることができる。

*フローストーンとは、炭酸ガスが溶け込んだ地下水が壁面を流れる際、炭酸ガスが放出され、流水のような表面になったもののこと。

五島列島の誕生後、風化や浸食、堆積が生んだ美しい景観の数々

五島列島などに自生する絶滅危惧種のカノコユリ▲

五島列島の成り立ち

九州本土から西に約100kmの東シナ海にあり、九州の最西端に位置する五島列島。最北の宇久島から最南の男女群島までは約150km。島数は129(うち有人島は18)。主な島は福江島、久賀島、奈留島、若松島、中通島で、面積は五島列島全体の92.5%を占める。

九州本土と水深100m以浅の浅海でつながっているため、九州の半島ともみなされる。実際、氷期には陸続きだった（☞P26）。基礎の地層は、日本列島がアジア大陸の東端にあったころに大河から運ばれた砂泥や砂礫が堆積した五島層群で、白と黒の縞模様が特徴。大陸東端にあった淡水湖が約2100～約1100万年前までに拡大し、切り離されていった。

その頃、西南日本が時計回りに、東北日本が反時計回りに回転した際、五島列島も北東～南西の向きに落ち着いた。この基本構造に対して、直角となる北西～南東方向に沖縄トラフの活動が影響を及ぼしたため、北西～南東の断層も発達。それに伴い主要島が分離されたと考えられている。こうした経緯をたどり、五島列島は現在の姿となったのである。

地殻変動が生んだ地形

約260万年前から活発化した火山活動で、福江島には火山性台地が形成され、沖合には次々に島が誕生した。福江島の鐙瀬溶岩海岸や黄島の溶岩トンネルは火山が活発だった時代を今に伝える。一方、砂岩や泥岩、凝灰

五島列島付近の形成史

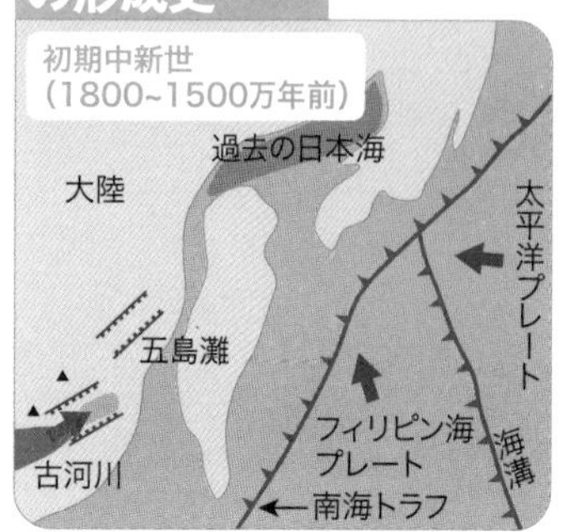

▲五島列島が大陸と地続きにあった時代。大河が運んだ砂泥などが堆積し、五島層群を形成

▲日本海の拡大に伴って、日本列島とともに五島列島の地盤も北東―南西方向に傾く

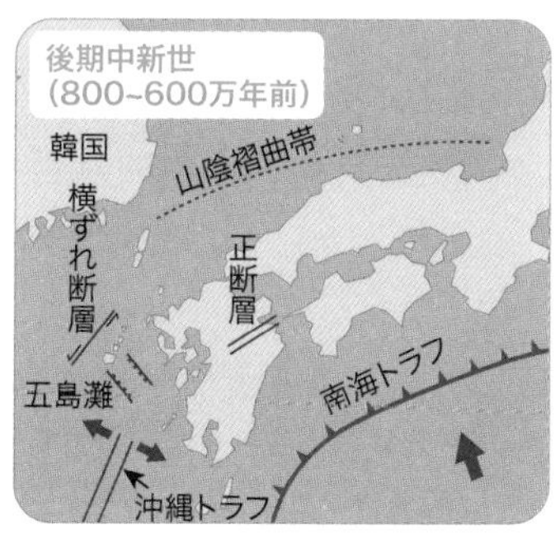

▲地続きだった五島列島に沖縄トラフの動きが加わり、主要な島に分かれた
(出典：五島市まるごとう 第2章 自然的特性)

岩などがメインの福江島の陸地は、風化によってなだらかな稜線が形成された。反対に、基盤となる地層に貫入した花崗岩が主体の久賀島では、久賀湾が盆地状に風化浸食されたのに対し、周囲は岩石が硬化したため浸食されず、急峻な地形を生んだ。その後、海面の上昇や低下が繰り返されるなか、沈水してできたのが福江島の玉之浦湾や岐宿湾、奥浦湾などの溺れ谷。風波による浸食が形成した海食地形も多く、大瀬崎は海食崖の代表。久賀島田ノ浦湾の砂嘴や前島のトンボロ、リアス式海岸も浸食がもたらしたもの。五島列島では地殻変動や火山活動、浸食や風化がつくり上げた多種多様な風景を見ることができる。

鬼岳（福江島）

標高315m。約50万年前に噴火した11の単成火山の総称が鬼岳火山群。約5万年前の第2次噴火で臼状火山ができ、重なり合っている

黄島溶岩トンネル（黄島）

黄島は、福江島南東にある面積1.47㎢の火山島。東部には噴石丘、南部海岸には玄武岩の溶岩流が築いたトンネルが残る（写真：五島列島ジオパーク推進協議会）

前島のトンボロ（前島）

前島と末津島を結ぶトンボロ（陸繋砂州）。海流が運んだ小石が堆積したもので、幅約10m、長さ約400m。干潮時に出現（写真：五島市）

若松瀬戸（中通島と若松島）

中通島と若松島の間、南北約15kmの若松瀬戸には、典型的な溺れ谷を示すリアス式海岸が続く。複雑な海岸線と点在する小島が特徴

鐙瀬溶岩海岸（福江島）

約5万年前に鬼岳付近の火山噴火で流れ出た溶岩の跡。後の海面上昇で現在の姿に。東西約7kmにわたって続く

大瀬崎断崖（福江島）

外海に面した海岸線に約20km続く海食崖。高さ150mを超える断崖絶壁もあり、学術的にも貴重な海食地形

舅ヶ島千畳敷（奈留島）

舅ヶ島海水浴場と小島の間にある岩礁は浸食によって形成された。広さから「千畳敷」と呼ばれ、干潮時のみ歩いて渡れる（写真：五島列島ジオパーク推進協議会）

高浜海水浴場（福江島）

西海岸にある砂浜延長約800mの浜辺は、入り江に堆積した砂礫がつくり出した美しい砂浜。「日本一美しい海」といわれ、日本で最後に日没する

壱岐の地層とステゴドン象や魚類化石が示す大陸と地続き時代の証

ステゴドン象の化石を収蔵する壱岐市立一支国博物館
(写真:壱岐市立一支国博物館)▶

壱岐の地層の特徴

福岡県と対馬のちょうど中間地点にあたる玄界灘に位置する壱岐。南北約17km、東西約15kmの壱岐島と23の属島(有人島4、無人島19)で構成され、沖縄を除くと全国で20番目に大きな島である。

ほとんどの地域の地表を覆っているのは玄武岩で、火山活動が活発だった時代(☞P26)を示している。屈曲した海岸線が多く、海岸線には猿岩(☞P27)などの奇岩のほか、壱岐の地質時代の歩みを示す風景が各所で見られる。特に西岸では、浸食でできた谷の低い部分が地盤沈下や海面上昇で海面下に沈んだ溺れ谷の原型が残るリアス式の海岸が続き、南東岸では美しい砂浜が見られる。

◀ステゴドン象の化石。東アジアやアフリカに生息していた大型の象で、絶滅したマンモスや、現在の象の祖先にあたる(写真:壱岐市教育委員会)

◀イキウス・ニッポニクスの化石。学名が与えられた日本初の魚類化石で、コイ科の淡水魚と推測される(写真:北九州市立自然史・歴史博物館)

これらの貴重な自然の姿を有することから、昭和43年(1968)に一部地域が壱岐対馬国定公園に指定され、昭和53年には、辰ノ島や手長島、妻ヶ島が海中公園地区に指定された。P35では、地層を示す主な景勝地を紹介する。

大陸との繋がりを示す化石

壱岐では、島の過去を示す貴重な2種の化石が発見された。昭和46年、六郎瀬鼻で発掘されたのはステゴドン象の化石で、約30mにわたって玄武岩で覆われた地層の下部にあたる礫質砂岩と細礫岩の地層にあった。

ステゴドン象は、約1200万～約200万年前までにアジア大陸に生息していたマンモスの祖先と考えられており、アフリカ大陸でも化石が産出されていることから、移動範囲が広かったことが窺える。体は現存するアフリカ象やアジア象に近く、頭が細長く、頭頂部が幅広く平坦で、長い上顎から左右平行にまっすぐ伸びる牙が特徴。歯の形から木の葉を主食とする暖温帯の森林生活者だったと考えられている。発見されたのは肋骨や臼歯、象牙や脊椎、大腿骨などで、象牙の長いものは約1.2mもあった。その長さから背の高さは4mほどと推測されている。発見された地層は約500万年前のもので、このことから壱岐が大陸と繋がっていたことが証明された。

また、八幡半島の先端南側で、県の天然記念物に指定されている壱岐長者原(ちょうじゃばる)化石層から発見されたのはイキウス・ニッポニクスの化石。大正8年(1919)にアメリカの魚類学者ジョルダンが新属・新種として命名した種で、日本初の魚類化石。地層から、新生代第三紀中新世中期の約1500万年前に生息していた淡水魚とされる。この地層からは多くの淡水魚化石や植物の葉の化石も産出していることから、この頃、日本海が湖であったことが裏付けられた。

▲壱岐市郷ノ浦町にある壱岐郷土館前に展示されているステゴドン象の復元模型。発見された化石は、県の天然記念物に指定されている

壱岐で見られる貴重な景観

辰ノ島

環境省の「日本の快水浴場百選」に選ばれた無人島。白砂の海岸で有名な辰ノ島海水浴場や、奇岩で海食洞の鬼の足跡などが見られる

蛇ヶ谷(じゃがたに)

辰ノ島にあり、壱岐北部に分布する新第三紀の勝本層が波に浸食されてできた、高さ約100mの断崖が長さ約600mにわたって続く

龍蛇浜(りゅうだはま)

溶岩やマグマが冷えるときにできる柱状節理が壊れて板状になった岩石が、海岸に約100m続く。まるで巨大な竜のうろこのよう

六郎瀬鼻

西岸にある湯本湾に面した、ステゴドン象の化石が見つかった場所。高さ約8mの海食崖が露出しており、その下部から化石が発掘された(写真:壱岐市)

初瀬(はっせ)の岩脈

高さ約40mの垂直に切り立つ白い流紋岩*に、黒い玄武岩が下から貫入した様子を示す。白と黒のコントラストが見事

壱岐長者原化石層

イキウス・ニッポニクスの化石が産出された八幡半島先端南側の長者原崎に露出する地層。触ると白いチョークのような感触の珪藻土質の地層(写真:壱岐市教育委員会)

左京鼻(さきょうばな)

壱岐本島東海岸にある八幡半島の先端北側にあり、約1kmの断崖絶壁が続く壱岐を代表する景勝地。海から突き出るのは玄武岩が柱状節理状になった観音柱

* 流紋岩は玄武岩と同じく、マグマが地表近くで固まった岩石。マグネシウムと鉄分を多く含む玄武岩はケイ酸分が多く粘性が高い流紋岩より粘性が低く、貫入しやすい性質を持つ

海底火山に始まり、江戸時代以降に活発な火山活動を見せた雲仙岳

噴火で荒廃した地に植えられたしまばら火張山花公園のひまわり▶

有史以前の火山活動

佐賀県にある吉野ヶ里遺跡の建物配置の中心線は雲仙岳に向かい、熊本市最古の健軍神社の参道はまっすぐ雲仙岳に向いている。古代から雲仙岳が有明海沿岸のランドマークだったことの証だ。雲仙岳とは、島原半島中央部に位置する普賢岳、国見岳、妙見岳、野岳、九千部岳などの火山群の総称で、成層火山に区分されている。成層火山とはほぼ同一の火口から複数回噴火し、溶岩や火山砕屑物が円錐状に積み重なった火山のこと。

その姿を地上に現したのは、新第三紀鮮新世にあたる約430万年前。現在の島原半島南端の早崎あたりで海底火山が噴火し、火山島がつくられた。その後は噴火を繰り返しながら、ちょうど現在の小笠原諸島の西之島のように、噴火のたびに徐々に島が拡大し、大型の島となった。約50万年前に雲仙岳（雲仙火山）が形成され、さらに続いた噴火によって大量の噴出物が流れ出た結果、約40万年前には九州本土と繋がる半島にまで成長した。いかに大きく継続的な噴火だったかがわかる。

その後、島原半島には東西方向の断層が作用し、半島は南北の3つの地域に分けられた。中央部は北部や南部より沈降を続け、形成された雲仙地溝帯内の水中で噴火が始まった。小浜温泉や雲仙温泉、島原温泉もこの地溝帯内の火山活動の一環で形成された。

雲仙火山の発達史

▲島原半島南端の早崎半島付近の海底火山から火山活動が始まった

▲その後、噴火は徐々に北に移り、南島原期といわれる時代に入る

▲噴火活動の中心は島原半島中心部に移動。デイサイト溶岩*が噴出し、火山体が形成された

▲陥没とデイサイト溶岩の噴出が継続し、雲仙火山は現在の姿に。今も年間数mmずつ陥没している

江戸時代以降の火山活動

有史以降は、少なくとも3回の噴火が記録されているが、その中で日本の火山災害史上最大といわれるのが、約1万5000人もの犠

*マグマからつくられる岩石は、主要成分である二酸化ケイ素の量で岩石名が異なる。含有量が少ないものから順に玄武岩、安山岩、デイサイト溶岩、流紋岩と呼ばれる

牲者を出した寛政４年(1792)の大噴火だ。前年の11月から地震が頻発し、2月に地獄跡火口から噴気と土砂を噴出。3月から約2カ月続いた新焼溶岩の流出後、5月21日に強い地震と同時に眉山(まゆやま)が大崩壊し、大量の土砂が有明海に流れて津波を発生させたのである。「島原大変」の被害は対岸の肥後(ひご)や天草にも及び、多くの犠牲者を出したため、「島原大変肥後迷惑」とも呼ばれる。島原半島南部の九十九島(つくもじま)は、この時の土砂により形成された。

その後も地震活動は絶え間なく続いたが、噴火にはいたらなかった。だが、約200年後の平成2年(1990)11月、再び沈黙が破られた。7月から火山性微動が観測され、11月17日に水蒸気爆発が起こった。翌年5月下旬から山頂部東端に成長した溶岩ドームの崩落で火砕流が発生。“火砕流”という言葉を一躍有名にした普賢岳の平成大噴火である。6月3日には、火口から約4.3kmの地区にまで到達するほどの火砕流が起こり、40人が犠牲となった。平成2年から5年間続いた火山活動では、38回の土石流、7回の大火砕流が起き、周辺の風景を一変させた。被災して荒地となった場所は、復興の象徴と市民を守る砂防指定地という役割もかねてしまばら火張山(ひばるやま)**花公園となり、5年間続いた噴火で出現した溶岩ドームは、「平成新山」と名付けられた。現在も噴火警戒レベル1を維持する活火山である。

◀島原半島のみならず、有明海周辺の各所からも見渡せる平成新山。標高は1483m

▲寛政の島原大変の地殻変動により、水が湧き出るようになり、70カ所を超える湧水地がある島原市。水の恵みも火山の贈り物

▲普賢岳の名を一躍世に広めた、平成3年6月3日に発生した最大規模の火砕流
(写真:雲仙岳災害記念館)

▲島原大変で約3億4000万m³の土砂が有明海に流れ込み、できたのが九十九島。当時は59島あったという

▲眉山の崩壊で岩屑なだれが無数の流れ山を築いた。島原市秩父が浦公園付近では、海食により流れ山の内部が観察できる

雲仙火山と島原半島の地質

- 沖積層
- 1663,1792,1991～95年溶岩および火砕流、土石流堆積物 (有史期)
- 扇状地堆積物 (雲仙期)
- 普賢岳火山岩類　10万年前～有史 (雲仙期)
- 九千部岳火山岩類　20～10万年前 (雲仙期)
- 高岳火山岩類　30～20万年前 (雲仙期)
- 南島原火山岩類　200～50万年前 (南島原期)
- 口之津層群 (南島原期)
- 早崎火山岩類　400万年前 (早崎期)
- 坂瀬川層 (早崎期)
- 断層

(P36、37図版出典:九州大学インターネット博物館「雲仙普賢岳の噴火とその背景」)

** しまばら火張山花公園の名前は、この折橋地区が200年余り前の噴火当時、山番所(火の見張り)であった歴史に由来する

ツシマヤマネコをはじめ大陸起源の動植物の宝庫「渡り鳥の十字路」対馬

額の縦縞が特徴のツシマヤマネコ▲

絶滅危惧種ツシマヤマネコが生息する生物多様性の島

東西18km、南北82kmと細長い対馬は、標高約200〜500mの山々が海岸まで迫るなど、島の9割が森林に覆われている。沈降と隆起の繰り返しでできたリアス海岸の総延長は915kmに及び、島の面積の17%が壱岐対馬国定公園域内にあるほど、自然が豊かだ。

九州本土と対馬の距離は、対馬海峡東水道（狭義の対馬海峡）を挟んで約132km、朝鮮半島までは対馬海峡西水道（朝鮮海峡）を挟んで約49.5kmで、九州本土よりはるかに朝鮮半島に近い。朝鮮半島とは約10万年前に、日本列島とは約2万年前に離れた経緯をもつが、対馬には大陸と繋がっていた時代にやってきた生物が多い。

▲写真最奥に見える山並みは御岳山系。モミやアカガシなどの針広混交林はツシマヤマネコの生息地でもあり、「御岳ツシマヤマネコ希少個体群保護林」となっている

対馬にしか生息していないツシマヤマネコはその代表。ベンガルヤマネコの亜種とされ、照葉樹林や落葉樹林、集落近くの田畑や沢などを生息地域とし、活動時間帯は日没から明け方まで。メスは1〜2kmの範囲で定住し、オスは発情期と考えられる冬期にはメスの7〜8倍に行動範囲が広がるという。繁殖については不明な点もあるが、4〜6月に2〜3頭を産み、子ネコは生後6〜7カ月で独立すると考えられている。ネズミや鳥、イネ科の植物を好んでエサとする。対馬上島の御岳山系はツシマヤマネコの希少個体群保護林となっているが、1960年代に250〜300頭が報告されて以来、減少傾向が続き、平成10年（1998）には、環境省の絶滅の恐れが高い種のひとつ「絶滅危惧1A類」に指定された。土地開発による生息地の減少や交通事故、犬による咬傷や家猫からの感染症など、原因はさまざまだ。ツシマテンやハクウンキスゲなども大陸由来の動植物。反対に、本土に生息するタヌキやキツネ、ウサギなどは見られない。

一方、対馬暖流の影響で、クエなどの南方系の魚が豊富であるほか、「渡り鳥の十字路」といわれる。この地域は、大陸に近いことから、日本で知られている鳥類の半数を超える300

種以上の野鳥が記録され、その8割が渡り鳥として飛来。他ではほとんど見られないヤマショウビンが観察できる貴重な土地だ。下では主な動植物を紹介する。

◀イリオモテヤマネコもベンガルヤマネコの亜種。耳先が丸く、耳の裏に白い斑がある点はツシマヤマネコと似ているが、目の周りに白いくまどりがあり、爬虫類や昆虫、カニまで何でも食べる

▶ベンガルヤマネコはアジア南部と朝鮮半島、対馬の森林に生育。体長40〜60cm、体重3〜6kg。生息する地域により体の大きさや毛色に違いがある。亜種が多い

▼ツシマヤマネコの成体の体重は3〜5kg、体長50〜60cmで家猫とほぼ同じ。耳先が丸く、耳の後ろに白い斑点があり、尾が太く長いのが特徴。ネズミが好物

ヒトツバタゴ

俗名は「ナンジャモンジャ」。モクセイ科の落葉広葉樹で、対馬や愛知県犬山市、岐阜と長野の県境など自生地域が限られる。樹高は30mになるものも

ヤマショウビン

中国東部や朝鮮半島で繁殖し、冬期は東南アジアで越冬する。越冬地から繁殖地に戻る途中、対馬で羽根を休め、朝鮮海峡を越える。美しい姿が人気

アカハラダカ

夏は朝鮮半島や中国大陸で繁殖し、冬はフィリピン以南で過ごすため、春は北方へ、秋は南方へ移動の際に対馬や南西諸島などに立ち寄る

オウゴンオニユリ

高さ1mほどの多年草で自生地は対馬。採集圧*により野生状態のものはほぼ見られないが、栽培が容易なため、他地域で見られる。6〜8月が開花期

マナヅル

中国大陸のアムール川流域やモンゴル北東部で繁殖し、朝鮮半島や西南日本、揚子江流域で越冬。世界の生息数は6000〜7000羽と希少

ツシマウラボシシジミ

対馬の上島にのみ分布する日本固有亜種。種としては台湾や中国に分布。沢沿いの広葉樹林の林床などを好み、絶滅危惧1A類に指定

＊採集圧とは、人が採集した結果、個体群や種全体の生育数が減少してしまうこと

理科のコラム

長崎県で初めて確認された 夜空を彩る “漁火光柱”

幻想的な光のページェント

昭和58年（1983）1月11日、長崎県の対馬市で初めて観測された、夜空に浮かぶ何本もの光の柱。その後、北海道の函館市や札幌市、山形県や福井県など、日本海側での観測が続いた。現在も、対馬市や佐世保市などで報告されている。

当初は、見た人から報道機関などに問い合わせが殺到。中にはUFOかと思う人もいたという。しかし、観測と調査の結果、光の正体が、“漁火光柱”だと判明した。

現在わかっている発生のメカニズムは以下の通り。高度数千m以上の雲に六角板状や六角柱状の氷晶が存在したとき、光源となる海上の漁火などから放たれた光が氷晶に反射し、地上にいる人の目に入る際に、柱状に見えるというものだ。反射時に光が屈折するため、真下ではなく、離れた場所で見られる。

氷晶の形や大きさが安定している場合、より鮮明に見え、漁船の数が多いほうが、光柱の数も多くなる。光柱の長さについては、氷晶の位置が海面から遠いほど、より長くなると考えられている。

幻想的な光のページェント、漁火光柱はいつでも見られるわけではない。無風状態の冷え込んだ日で、晴れているものの、うっすらと霞やうす雲がかかった夜が好条件。霞や雲の中に含まれる氷晶がないと発生しないため、快晴では見られないのだ。

ただ、2001年6月14日に山形県酒田市で、2021年5月6日に福井県福井市など嶺北地方でも漁火光柱が観測されていることから、必ずしも冬のみの現象ではなく、上空の気温が－22℃～－9.5℃と低い場合は、冬以外でも見られることがわかっている。

光柱は大気光学現象の一種で、虹色に見えることもあるという。

▲2018年1月25日に対馬市の久田地区から見えた漁火光柱。光柱がかなり長い

◀福江島大瀬崎灯台展望台から見る漁火と星雲。通常はこのように漁火しか見えない

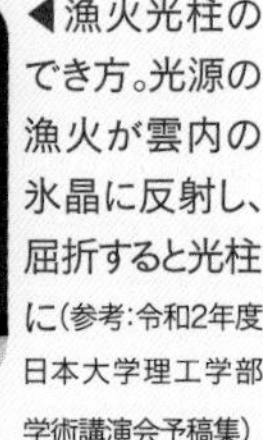

◀漁火光柱のでき方。光源の漁火が雲内の氷晶に反射し、屈折すると光柱に（参考：令和2年度日本大学理工学部学術講演会予稿集）

洞窟遺跡の数は日本一！佐世保市に見る太古の人々の生活の痕跡

▶福井洞窟ミュージアムでは、福井洞窟の発掘調査の成果を知ることができる（写真：佐世保市教育委員会）

福井洞窟が覆した旧石器時代の常識

旧石器時代から縄文時代前期頃にかけての日本では、人々が風雨をしのぐため、自然の侵食作用で岩壁に造られた洞窟や岩陰が利用されることが多かった。その代表例が、洞窟遺跡*と呼ばれるものだ。洞窟遺跡は日本各地で見られるが、九州北西部の北松浦半島は日本でも有数の洞窟遺跡集中地帯として知られており、特に長崎県の佐世保市では、全国最多の31カ所にものぼる洞窟遺跡が発見された。佐世保市の洞窟遺跡で最古の直谷稲荷神社岩陰遺跡からは、約4万年前のものと考えられる石器が出土している。しかし、日本の考古学史において特に重要といわれるのが、福井洞窟と泉福寺洞窟である。

▲福井洞窟は、福井川に面した間口16.4m、奥行き5.5m、高さ4mの岩陰。約1万9000年から1万年前の間の土器や石器など約7万点が出土した（写真：佐世保市教育委員会）

福井川の上流に位置する福井洞窟は、洞窟内の神社社殿の改修工事の際に石器が発見され、昭和35年（1960）から3回にわたって調査が行われた。その結果、この洞窟は、約6mの15枚もの地層が連続的に堆積していることが判明、旧石器時代から、約1万年前の縄文時代に至る7つの文化層が認められた。地表近くからは旧石器時代末の細石刃と共に、当時の測定で1万2000年前の、表面に細い粘土紐が見られる隆起線文土器が発見された。縄文土器と細石刃が同じ地層から出土したことから、旧石器時代から縄文時代への過渡期文化を示す遺跡として大きな注目を集め

◀福井洞窟からの出土品（重要文化財）。旧石器時代の狩猟具の細石器と、縄文時代の煮炊き具の土器が一緒に使用されていたことを示す（写真：佐世保市教育委員会）

＊厳密には、形態によって洞窟遺跡と岩陰遺跡に分かれ、この2つはまとめて洞穴遺跡と呼ばれる

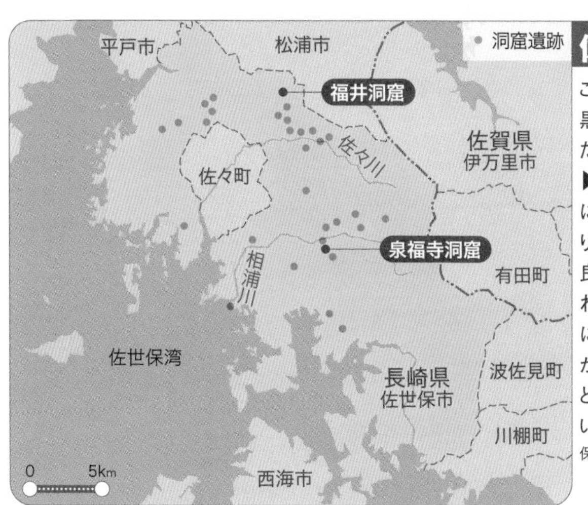

佐世保市の洞窟遺跡分布

この一帯に洞窟遺跡が多いのは、洞窟のできやすい場所や、黒曜石や安山岩など石器の素材となる石材が豊富にあったためと考えられている

▶泉福寺洞窟では相浦川(あいのうらがわ)の左岸に4つの洞窟がある。近くに湧き水があり、日当たりが良く、風が遮られるなど生活に適した条件が揃っていたと考えられている（写真：佐世保市教育委員会）

た。また、各層から出土した多様な細石器により製造法の変遷が分かり、細石器の編年が可能となった。さらに2013年からの調査では旧石器時代末期の炉の跡も発見され、福井洞窟は旧石器時代の人々の生活の場と推定できた。これは初めての例である。

なお、洞窟内の神社本殿の下は未調査であるため、福井洞窟はさらなる発見がある可能性を秘めている。

泉福寺洞窟から出土した世界最古級の土器

泉福寺洞窟は、昭和44年に地元の中学校の生徒たちによる発見をきっかけに、翌年から10年かけて発掘調査が行われた。4つの洞窟からなるこの遺跡では、12の地層が確認されている。最下層は旧石器時代後期のものだが、最上層からは平安時代の瓦が出土したほど、長期間にわたって利用されてきた。

泉福寺洞窟は、福井洞窟から出土した土器の古さを覆した点で名高い。ここからは、隆起線文土器よりも古い土器片が出土したのである。表面に豆粒をモチーフとするような文様が施されたこの土器は、豆粒文(とうりゅうもん)土器と呼ばれている。最古の土器の位置づけを変えたのみならず、豆粒文土器の出土層から上層に行くにしたがって、豆粒文・隆起線文併用土器、隆起線文土器、爪形文(つめがたもん)土器、押引文(おしびきもん)土器などさまざまな文様の土器が出土し、縄文土器の変遷を知る大きな手掛かりとなった。

日本では、昭和24年の岩宿(いわじゅく)遺跡（群馬県）の調査を端緒として、旧石器時代遺跡の発掘や調査が相次いだ。岩宿遺跡の発見から時をおかずに発見された佐世保市の2つの洞窟遺跡は、旧石器時代から縄文時代への移り変わりを一つの場所で知ることができる重要な遺跡として、日本の考古学研究における貴重な光明となった。両遺跡ともその重要性により、国の史跡に指定されている。

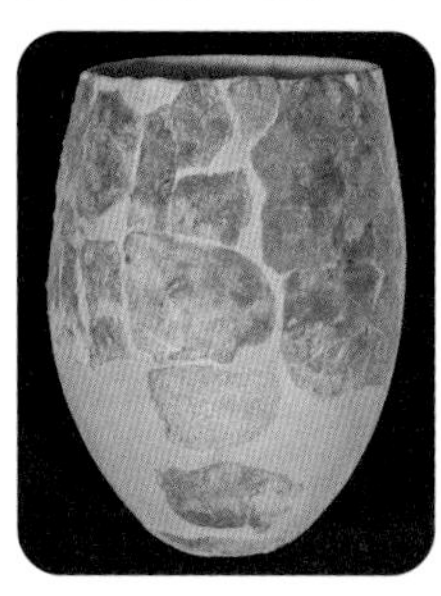

◀泉福寺洞窟から出土した豆粒文土器（復元）。世界最古級の土器とされ、細石器などのほかの出土品とともに重要文化財に指定されている（写真：佐世保市教育委員会）

日本のグローバル人の先駆け!?縄文時代に海外交流を行っていた長崎県の古代人

対馬に見る朝鮮半島との交流

長崎県は、日本において最も中国や朝鮮半島に近い場所に位置し、歴史的に、常にこれらの国とは深い関係にあった。その長崎県において、特に太古の時代から海外交流を行っていたのが、九州と朝鮮半島の間に浮かぶ対馬の人々である。対馬からは、九州本土への距離が約132kmであるのに対し、韓国までの距離は約49.5km。「国境の島」と呼ばれる対馬は、日本よりも韓国の方が近い。

その対馬において、朝鮮半島との古くからの結びつきを強く示す代表的な遺跡が、北西部の越高遺跡である。縄文時代早期末〜前期の遺跡で、出土した土器には、韓国の南海岸で見つかった土器と同様の文様が見られる。この他にも、韓国で見られる型式と酷似する炉の遺構が見つかっており、朝鮮半島から渡ってきた人々が一定期間定住していたと考えられている。朝鮮半島式の土器に対馬の土が使用されていることから、朝鮮半島出身の人々が、対

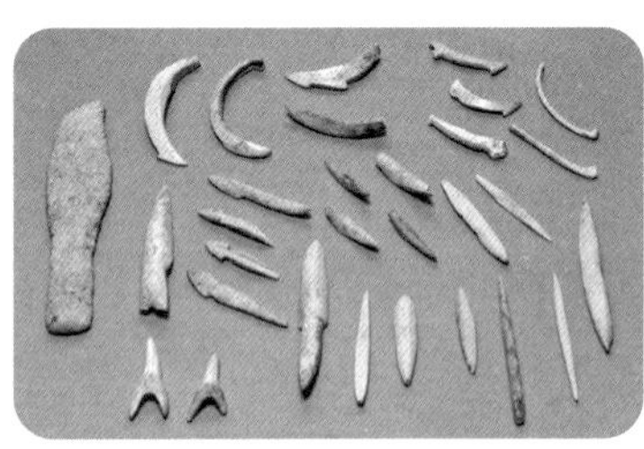
◀佐賀貝塚から出土した骨角器。このほか、人骨や土器、石斧、石鏃（矢じり）などが多く出土した（写真：対馬市教育委員会）

▲越高遺跡は、越高漁港に隣接する海岸部にあり、約60m離れた2つの地点からなる。昭和51年（1976）から断続的に調査が行われた（写真：対馬市教育委員会）

▼そばの原種は中国南部からヒマラヤ周辺がルーツとされるが、対馬は離島であるため他品種と交わらず、現在も原種の特徴を残すそばが栽培されている（写真：長崎県観光連盟）

馬の人々と友好的な関係を築いていたことも考えられる。

また、対馬の東海岸に位置する佐賀貝塚からは、海獣や動物の骨を素材とする多量の骨角器が出土した。中にはクジラなどを捕まえるための漁具、釣り針、銛などもある。さらに、対馬では入手が困難で、朝鮮南岸からもたらされたと推測されるベンケイガイ製の貝輪も出土した。これらの出土品は、縄文時代の漁法を解明するだけでなく、遠隔地との技術的な交流を示す貴重な史料だ。なお、対馬の郷土料理である対州そばも、縄文時代後期に朝鮮半島を経由して対馬に伝来したといわれている。

朝鮮半島から伝来した縄文時代の墓制

古代の長崎県では、墓制において海外との交流が見られる。それを示すのが、ドルメンとも呼ばれる支石墓だ。支石墓とは巨石墳墓の一形態で、一般的には大きな天井石と、それを支える数個の石からなる。ヨーロッパや中国東北部から朝鮮半島にかけて広く分布し、日本では縄文時代の終わり頃から弥生時代中期にかけて、長崎県や佐賀県、福岡県などの九州北部で多く造られるようになった。そのなかで、日本最大・最古とされるのが、南島原市の原山支石墓群だ。

支石墓にはいくつかの構造があるが、原山支石墓群で見られるのは、箱式石棺や甕棺、穴を掘っただけの土壙墓などの周囲に支石を置き、巨石で覆うタイプ。巨石と支石からなる形状から碁盤形支石墓という。また、朝鮮半島南西部の支石墓に酷似することから南鮮式支石墓とも呼ばれる。

原山支石墓群は、いわば縄文時代晩期の共同墓地であり、元々は3群から成っていたが、第1群は開墾によって失われ、現在は第2群と第3群の、60基余りの支石墓がある。埋葬は縄文特有の屈葬で、縄文時代晩期の土器や石包丁が出土し、土器には籾の押し形のついたものもあった。弥生土器は出土していないが、日本への稲作技術の伝来時期が縄文晩期と推定されていることから、縄文時代から弥生時代への転換期における朝鮮半島との交流をうかがわせるとともに、稲作の伝来と開始を示す貴重な遺跡として、国の史跡に指定されている。

▲原山支石墓群には30cm～1.5m程度の支石が点在する。支石の下の埋葬施設は箱式石棺が多く、縦80cm、横50cm、深さ60cmぐらいの小さなものが一般的

▲原山支石墓群は第3群が原山農村公園として整備され、一般公開されている。かつて宿泊体験施設として使用された、竪穴住居を模したような建物が点在する

卑弥呼がいた時代に 壱岐島にあった「都」の跡 大規模な原の辻遺跡

▶原の辻遺跡からの出土品を収蔵する一支国博物館(写真:長崎県観光連盟)

『魏志』倭人伝に見る長崎の2つの島

弥生時代の日本を知るための超一級の史料とされている『魏志』倭人伝。これは、中国の史書『三国志』の中の『魏志』東夷伝にある倭人の条の俗称。3世紀前半における邪馬台国などの日本の地理、風俗、社会、外交などについて記されている。

この『魏志』倭人伝には、邪馬台国に至るまでの道筋に存在したとされる8つの国*が記されている。その中で現在の長崎県に含まれるのが、2番目と3番目に登場する対馬国および一支国だ。一支国とは現在の壱岐島のことである。九州と対馬の間に浮かぶ壱岐島も、対馬同様、古代から中国大陸や朝鮮半島と日本を結ぶ交流・交易の拠点だった。

急峻な山々が多く畑の少なかった対馬に比べて、壱岐島は全体的に平坦で耕作に適していた。そのため住人も多かった。対馬と壱岐島では、島の面積は対馬の方がはるかに大きいにもかかわらず、『魏志』倭人伝には、対馬には約1000戸、壱岐島には約3000戸もの住居があったと記されている。

弥生時代の交易の拠点 原の辻遺跡

弥生時代に多くの人が暮らした壱岐島では、原の辻遺跡、カラカミ遺跡、車出遺跡などの集落遺跡が知られている。この中で、特に

▶遺跡は現在、「原の辻一支国王都復元公園」として整備され、園内には弥生時代の建物が復元されている(写真:長崎県観光連盟)

▼高床式の建物は主祭殿をはじめ、穀倉や交易の倉庫、使節団の倉庫など6棟が復元されている

*登場順に狗邪韓国、対馬国、一支国、末盧国、伊都国、奴国、不弥国、投馬国。
このうち対馬国、一支国、末盧国(佐賀県)、伊都国(福岡県)、奴国(福岡県)は存在が確実視されている

大規模な遺跡が、壱岐島最大の弥生遺跡である原の辻遺跡だ。壱岐島すなわち一支国は、『魏志』倭人伝に登場する30余りの国々の中で、「国邑」、いわゆる都が記されている唯一の国で、原の辻遺跡はその一支国の都の跡だと考えられている。

壱岐島内で最長の幡鉾川の下流、深江田原平野に広がる原の辻遺跡は、南北約750m、東西約350mの規模。弥生時代前期から後期の2100年前頃〜1700年前頃にかけて築かれたと推定されている。楕円形の台地を囲むように三重の濠が巡らされた多重環濠集落で、濠内には掘立柱の建物跡が集中する祭場の一部や、多くの竪穴住居跡からなる居住域が確認できる。また、環濠の内外では墓域も見つかっている。遺跡自体は海岸には面していないものの、濠の外には日本最古とされる船着き場跡も発見された。当時の人々は、壱岐島東部の内海湾に船を停泊させ、小舟に乗り換えて幡鉾川を遡り、この船着場を目指したのだろう。交易によって栄えていたことを示す遺構だが、さらに、道路状遺構や水田跡等も発見され、豊かな農耕文化が花開いていたことをうかがわせる。

原の辻遺跡からは、青銅器や鉄器、木器、骨角器等が、良好な状態で多く出土した。特に、中国や朝鮮半島から持ち込まれた土器や青銅器、鉄器や装飾品、貨幣などが目立ち、これらを含む大陸系遺物の多さは、ほかの大規模集落をはるかにしのぐといわれる。九州北部や瀬戸内地方の土器も出土しているのは、この場所が国外および国内流通の拠点であったことを示しているのだろう。こうしたことに加え、中国の史書に記された国の中心集落の実態が明らかになったという点で、原の辻遺跡はきわめて希有な遺跡であり、登呂遺跡(静岡県)、吉野ヶ里遺跡(佐賀県)と並び、国の特別史跡に指定されている。

▲日本最古の船着き場跡は、現在は埋め戻されて地中内で保存されているが、屋外模型が展示されている

▲集落周辺の様子を見張るための物見櫓は高さ11m。手前の三角屋根は番小屋で、その奥は使節団の宿舎

◀祭祀に利用されたと思われる人面石も出土し、重要文化財に指定されている(写真:壱岐市教育委員会)

◀椰子の実で作られたココヤシ笛。人面石同様、ほかでは見られない特徴的な出土品(写真:壱岐市教育委員会)

長崎県一の古墳地域！ヤマト政権と結びついた壱岐島（いきのしま）の古墳群

長崎県最大の前方後円墳である双六古墳▲
(写真：長崎県観光連盟)

県内の半数以上にのぼる古墳が集中

弥生時代末期には有力な首長層が各地に登場し、彼らの多くは畿内を中心に大型墳墓の古墳を築くようになったが、3世紀後半のヤマト政権の成立後は、その支配下に入った地方の有力な首長たちも続々と古墳を築いた。壱岐島でも例外ではなく、現在、256基の古墳が残されている。県内の同じ離島である対馬（つしま）では22基、五島列島では0基であるから、その数は突出している。のみならず、長崎県全体の古墳は約450基というから、その半数以上が壱岐島にあることになる。しかも、江戸時代の『壱岐国続風土記（いきのくにぞくふどき）』によると338基もあったという。県全体の4％に満たない面積の島にもかかわらず、これだけの古墳が造られたのは驚きだ。

こうした壱岐島の古墳の中で、対馬塚古墳、双六（そうろく）古墳、笹塚（ささづか）古墳、兵瀬（ひょうぜ）古墳、掛木（かけぎ）古墳、鬼（おに）の窟（いわや）古墳の6基の巨大古墳が、「壱岐古墳群」として国の史跡に指定されている。最初に造られたのは、6世紀後半の前方後円墳である対馬塚古墳。続いて造られた双六古墳は、91mの墳長を持つ長崎県最大の前方後円墳だ。6世紀末には、笹塚、兵瀬、掛木、鬼の窟の各円墳が造られた。このうち兵瀬古墳は当時としては九州最大の円墳であり、また、鬼の窟古墳には、当時の九州でも屈指の規模を誇る横穴式石室が設けられた。

▲出土した副葬品のうち、笹塚及び双六両古墳からのものは重要文化財に指定されている。写真は笹塚古墳出土の金銅製馬具類(写真：壱岐市教育委員会)

巨大な前方後円墳にはヤマト政権の将軍が眠る？

古墳時代は一般に3世紀半ばに始まるとされるが、壱岐島には古墳時代後期の6～7世紀に築かれた古墳が多い。古墳の多さは壱岐島の豪族の多さを示すが、主な築造時期が6～7世紀という限られた時期だけに、在地の豪族だけで造ったのではなさそうだ。

『日本書紀』によれば、6世紀初めのヤマト政権は内紛状態にあったとされ、そうした不安定な状況下で、継体(けいたい)天皇21年(527)、筑紫国造(つくしのくにのみやつこ)として北九州最大の勢力を誇っていた豪族である磐井(いわい)が、新羅(しらぎ)と手を結んで大規模な反乱を起こした(磐井の乱*)。ヤマト政権は討伐軍を派遣して鎮圧したが、その後も政権は新羅とたびたび争っている。この時期を通じて、壱岐島は兵站基地の役割を果たしたといわれ、ヤマト政権から派遣された豪族が在地化し、彼らの墳墓として古墳が造られたと考えられている。特に、前方後円墳の築造にはヤマト政権の許可が必要だったといわれていることから、対馬塚および双六の2基の前方後円墳は、政権の将軍クラスの豪族の墳墓だった可能性もあるとされる。

これらの古墳の副葬品には、中国大陸や朝鮮半島からの渡来品も多い。なかでも、日本と敵対関係にあった新羅からもたらされた品が多いのは、壱岐島が両者の橋渡し役として、新羅と友好な関係を保っていたことの表れだと考えられている。

壱岐古墳群

壱岐古墳群が集中する壱岐島の中央部は、古代豪族「壱岐氏」の居館があり、政治の中心地だったと考えられている

掛木古墳(勝本町)

南北22.5m、東西18m、高さ7mの円墳。築造時は直径30m程度の規模だったと推測されている

笹塚古墳(勝本町)

直径66mの基壇の上に築かれた、直径40m、高さ13m、石室全長15mで県内最大級の円墳。出土品の162点が重要文化財

双六古墳(勝本町)

全長91m、後円部の直径43m、高さ10mで、九州でも有数の規模。全長11mの横穴式石室が設けられ、多数の副葬品が出土した

玄界灘
勝本町
長崎県
壱岐市
芦辺町
郷ノ浦町
内海湾
石田町
壱岐空港
壱岐島
妻ヶ島
原島
0 2km

兵瀬古墳(芦辺町)

直径54m、高さ13mで壱岐島最大の円墳。墳丘の中段に段を設けた2段構成で、墳丘を溝が取り囲んでいる

対馬塚古墳(勝本町)

全長63m、後円部の直径35m、高さ9mで、壱岐島で2番目に大きい前方後円墳。対馬を望める場所にあることが名の由来

鬼の窟古墳(芦辺町)

直径45m、高さ13.5mの円墳。全長16.5mの横穴式石室は長崎県内で最長。江戸時代から多くの見物客が訪れたとの記録が残る

* ヤマト政権が朝鮮半島への遠征に失敗したことで、経済的負担の大きかった北九州地方住民の不満が爆発し、筑紫国造磐井が起こした反乱

辺境の対馬、壱岐島で国防の任に当たり悲しい歌を残した防人たち

対馬の国防最前線、千俵蒔山の風景▲

国の守りを託され東国から赴いた人々

飛鳥時代から奈良時代にかけての古代日本において、現在の長崎県を含む九州沿岸で中国や朝鮮半島に対する国防の任に当たった兵士がいる。防人と呼ばれる人々だ。

『日本書紀』によれば、防人が文献に登場するのは大化2年(646)の「改新の詔」において。しかし、その役割もはっきりしていないし、実在も確認できない。存在が明確になるのは、天智天皇3年(664)のこと。そこには対馬や壱岐島、筑紫(現・福岡県)に「防」を置くとある。これより前、新羅と結んだ唐の軍勢により王城を陥落させられた百済から支援要請を受けた日本は、朝鮮半島に軍を派遣したが、白村江で大敗(白村江の戦い)。半島からの撤退を余儀なくされた後、朝廷は、勢いに乗る唐・新羅の連合軍が日本に攻めてくるのではないかと憂慮した。そこで九州沿岸の防衛のため、対馬と壱岐島、筑紫に、情報伝達のために火をたいて煙を上げる烽や防人を配置したのである。

対馬では、島北部の千俵蒔山や、中央部の城山(金田城)(☞P52)などに防人の拠点が置かれたとされる。特に、対馬で最も韓国に近い千俵蒔山は、外敵襲来の際、烽による第一報となる場所。いわば国防の最前線である。一方の壱岐島では、島内最高峰の岳ノ辻山頂や、北東部の竜神崎などに烽火台が設置された。

初期の防人は東国から徴兵され、彼らは部領使*に統率されて難波(大阪)に赴き、大宰府を経由して各地に配置された。毎年2000 〜 3000人が派遣され、そのうち対馬と壱岐島にはそれぞれ100〜150人が渡ったといわれる。防人が東国から集められたのは、白村江の戦いで多くの西国人が亡くなったため、東国人の剛健さを頼ったため、土地勘がないので逃亡を防げるため、朝廷が東国勢力を弱めようとしたためなど、諸説ある。

▲対馬中央部の金田城の築かれた城山は標高275m。北西部に向かって開けた山頂からはリアス海岸に囲まれた浅茅湾が望める。そのはるか先は朝鮮半島だ

＊古代日本において、人員や物資を徴用・宰領して輸送する任務を負った官使

▼標高212.8mの岳ノ辻山頂には、現在、対馬と九州本土との緊急連絡のための烽火台が復元されている

▼壱岐島北東部の玄界灘に面した竜神崎。一帯は少弐公園として整備され、復元された烽火台も見られる

『万葉集』に収められた哀歌

防人は、武器や食糧は自前で準備、交通費や給料も支給されず、任期の3年間を自給自足しながら警備に当たった。兵士といっても、ほとんどが農民である。このため、各地の農村では労働力不足が起こったろう。送り出した家にとっても、赴任の間の税が免除されることもなく、大きな負担になった。また、3年間の任期は延長されることが多く、任期が終わったところで帰りの旅費も自腹である。帰れない者や、帰路の途中で世を去る者も多かったという。

しかし、国の命令である以上、防人に召された人々は、両親や妻子、兄弟姉妹と別れを惜しみつつ遠い地の防備に赴いていった。このときに歌われたのが、日本最古の和歌集である『万葉集』に収録された防人歌だ。防人歌は任地で詠まれた歌ではなく、天平勝宝7年(755)の派遣時、任地に赴くために難波津(大阪港)に集結した防人に詠ませた歌の中から、『万葉集』の編纂に関わった大伴家持＊＊が採録したもの。提出された166首のうち、家持が選んで採録した歌は84首。そのほか、送り出す父や妻の歌も収められている。

家持は防人に対し、忠誠を誓う歌よりも、惜別の心情を詠む歌を求めたという。そのため、防人歌はほとんどが、妻や恋人、両親や故郷を思う歌だ。別れに対する嘆きや、見知らぬ地へ赴くことへの不安などが、素朴で率直な表現で綴られている。故郷を遠く離れた人々の悲哀に満ちた防人歌は、貴族が詠む雅な歌が多い『万葉集』において特異な情緒を醸し、当時の東国の方言や慣習などが表れていることから、歴史的史料としてもきわめて貴重だとされている。

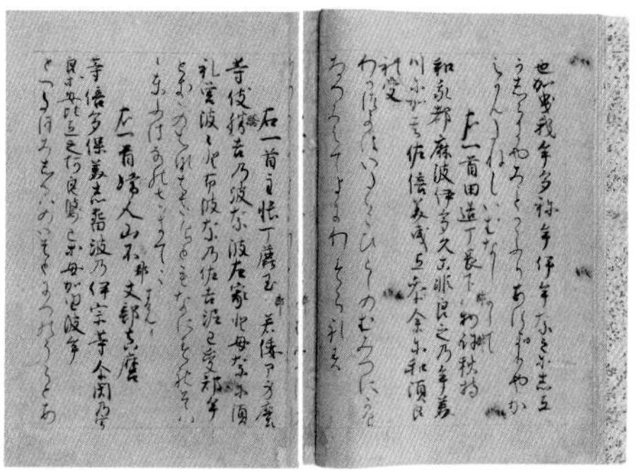

▲『万葉集』では巻13、14、20に防人歌が収録され、家持が選んだ歌は巻20に収められている。元暦元年(1184)に書写された国宝の『元暦校本万葉集』(東京国立博物館所蔵)には、最も多くの歌が収録されている
(写真：国立文化財機構所蔵品統合検索システム)

＊＊奈良時代の公卿・歌人で三十六歌仙の一人。天平勝宝7年には難波で防人の検閲に関わっていた

防人の拠点だった山城と大日本帝国陸軍の砲台古代と明治が交錯する金田城

天皇の命で築かれた堅牢な古代の山城

天智天皇2年(663)に白村江の戦いで大敗した日本は、防衛拠点となる山城を九州から瀬戸内海に至る各地に築いた。対馬で防人の拠点の一つとなった金田城も、この時に築かれたものだ。『日本書紀』天智天皇6年(667)11月の条に「対馬国の金田城を築く」とあり、この年が築城年と考えられている。築城を命じたのは無論、天智天皇である。対馬中央部に広がる内海、浅茅湾に突き出た半島の城山に築かれたのは、もし外敵が侵入してくるとしたら、浅茅湾に来ると想定されたためだろう。

▲金田城が築かれた城山は、リアス海岸の浅茅湾に突き出た石英斑岩の岩塊。矢印の山頂から徒歩5分ほど下に砲台が設置された

当時、各地に築かれた山城の多くが、百済の滅亡後に日本に亡命してきた人々が築造に関わったといわれる朝鮮式山城*である。金田城も例外ではなく、天然の要害である標高275mの城山山頂を起点として、尾根伝いに3つの谷を抱えるように石塁が巡らされた。斜面が比較的穏やかな東面には、北から一ノ城戸、二ノ城戸、三ノ城戸と呼ばれる城門が設けられ、水門も設置された。二ノ城戸と三ノ城戸を結ぶ位置にあるビングシ山の周辺からは、防人の宿舎らしき遺構も見つかった。

当時の山城の城壁の多くが土塁であるのに対し、金田城の城壁はほとんどが石で築かれ、最も高い場所で約6.7m、石塁の総延長は約2.2kmに達する。これは金田城が、これらの

◀浅茅湾と石塁を同時に望む東南角石塁は、金田城で特に立派な石塁が見られる場所の一つ

▶山の外側から見た東南角石塁。石塁がいかに長大かがわかる

＊朝鮮の三国時代に発達した山城で、山の峰や斜面に、いくつかの谷を取り込むようにして石塁や土塁を築き巡らしたものを言う

▼城門の一つの二ノ城戸。階段状の石畳が築かれ、間口2.8mの巨大な城門だったとされる

山城の中で前衛の役目を果たしたためだろう。築城から約半世紀後の8世紀初頭には廃城となったと考えられているが、堅牢な石塁が長いところで約50mにもわたって当時のままに良好に残されている。

明治時代には山頂付近に砲台を設置

廃城とともに古代の国防の任を終えた金田城では、明治時代に入ると、再び対外防備のための整備が行われた。

江戸湾にペリー率いるアメリカの黒船が来航してから8年後の文久元年(1861)、ロシ

▲ビングシ山の平坦地では防人の宿舎だったと考えられる3棟の掘立柱建物跡が発見され、1棟からは炉の跡も見つかった

▶城山砲台の砲座跡。28cmの榴弾砲2門が2つ、計4門が設置された

◀城山砲台近くには弾薬や火薬の保管庫が、レンガとコンクリートで築かれた

ア軍艦ポサドニック号が浅茅湾に侵入し、湾内の半島である芋崎を占拠する事件が起こった＊＊。この時はイギリスの介入によって撤退したが、ロシアはその後も南下政策を続けたため、明治政府は次なるロシア艦隊の対馬侵略に備え、対馬の要塞化を開始。明治20年(1887)から浅茅湾内にいくつもの砲台を築き始めた。金田城のあった城山でも明治33年から築かれ始め、翌年、山頂付近に、城山砲台として4門の榴弾砲が据えられた。この砲台は敵艦の砲撃用のもので、それ以外にも敵軍の上陸に備え、砲台の南約1kmの場所に城山付属堡塁が築かれ、4門の臼砲が据えられた。ちなみに、現在の登山道はこの時に軍道として整備されたもの。食料や火薬などを馬車で運ぶため、傾斜は15度以内、幅は3mと決められていたという。

最終的に対馬全体では31の砲台が設置され、古代の日本で防人が睨みを利かせていた金田城は、大日本帝国陸軍によって、再び国防の最前線となった。そして、1300年以上も前の山城と、約100年前の要塞が併存する金田城は、古代と近代が交錯する希有な場所となったのである。

＊＊ロシアは芋崎を半年ほど無断占拠し、兵舎や工場などを建設した。「ロシア軍艦対馬占領事件」「ポサドニック号事件」などと呼ばれる

空海も最澄も乗り込んだ遣唐使の足跡が残る長崎県の島々

奈良県、平城宮跡歴史公園の朱雀門ひろばに展示されている復元遣唐使船▲

壱岐島と対馬を経た遣隋使と初期遣唐使

古代の日本の発展は、大陸の交流や交易を通じて文物や制度を取り入れることで促された。それに大きな貢献をしたのが、遣隋使や遣唐使である。

最初の遣隋使は、隋が中国大陸を統一した11年後の推古天皇8年(600)との記録が隋にはあるが、『日本書紀』に記述が見られる最初は、小野妹子を大使とする推古天皇15年のものだ。遣隋使は、推古天皇26年までの間に3～5回派遣された。その後、隋に代わって唐が興ると、遣隋使の後を受けて遣唐使が送られるようになり、舒明天皇2年(630)に第1次の船が出発。以後、延喜7年(907)唐の滅亡までの間で、派遣回数は12～20回にわたった。

遣隋使と遣唐使はともに、現在の大阪湾から瀬戸内海を経て九州に至り、長崎県の平戸や五島列島などで風待ちをした。そして、順風を得られると壱岐島から対馬を経て朝鮮半島南岸を通り、済州島を南に見て半島西岸に沿い、中国の山東省付近に上陸して陸路に切り替えたとされる。これは北路といわれ、遣隋使の小野妹子はこのルートを往復していることが分かっており、遣唐使も天智天皇4年(665)までは、北路で入島した。これらの船では、気象情報に精通する対馬や壱岐の人々が航海を助けたと考えられている。

▲福江島の三井楽半島先端の柏崎公園には、空海像と、空海が書に残した「辞本涯(本涯を辞す)」の言葉を刻んだ記念碑が立つ。「日本の果てを去る」を意味する

▲福江島に祀られている「白石のともづな石」。遣唐使船の風待ち、修理や食料補給の際に船をつないだ石とされ、海上安全の神として崇められている

遣唐使の一般的なルート

北路は常に陸を確認できる安全なルートだった。このほか、薩摩の坊津を出帆し、南西諸島を経由して東シナ海を横断する南島路もあったとされる

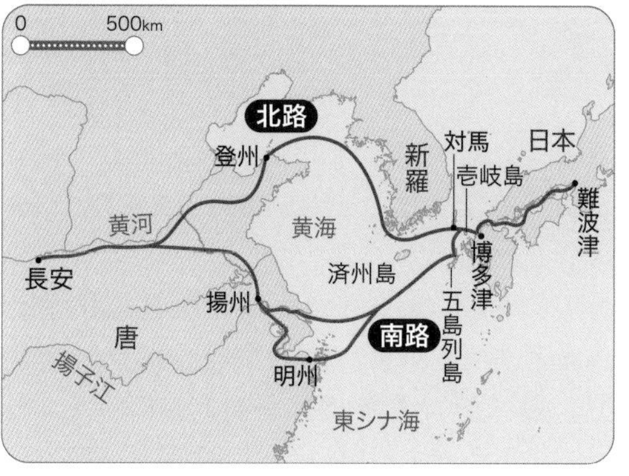

風待ちの島五島は日本最後の寄港地

遣唐使のルートは、大宝2年(702)の派遣からは南路へ変更された。南路とは、五島列島で風待ちをした後に壱岐島・対馬経由ではなく東シナ海へ進み、中国の揚子江付近に達するルート。これは、天智天皇2年の白村江での敗戦によって朝鮮半島との関係が悪化したこと、日本に勝利した唐・新羅連合軍が朝鮮半島の支配を巡って争い、北路の安全が脅かされたことなどが原因とされる。

いずれにしても、この南路において日本最後の寄港地となったのが五島列島だった。博多から平戸を経て、五島列島のあちこちの港で風待ちをし、最後に現在の福江島北西部から、東シナ海を横断した。長いときで数ヵ月も風待ち、日和待ちを続け、天候を見定めて水や食料を積み込み、大海原の先にある唐に向けて命がけの船出をしたのである。

遣唐使船には留学生や留学僧も乗り込み、帰国後の日本で重きをなした人物も多い。天台宗の開祖・最澄と、真言宗の開祖・空海は特に有名だろう。この両人が大陸に渡った延暦23年(804)の遣唐使船には、嵯峨天皇や空海と並んで三筆と称される橘逸勢や、経蔵・律蔵・論蔵の三蔵に精通し、日本で唯一三蔵法師と呼ばれた霊仙なども乗り込んでいた。彼らは、福江島の白石湾で風待ちをし、三井楽半島沖を通過して大陸へ向かった。日本の見納めとなるこの半島の先端に記念碑が立つほか、五島列島や対馬には遣唐使ゆかりのスポットが点在する。

7世紀後半から8世紀前半にかけては、遣隋使や遣唐使のほか、遣新羅使も派遣された。ルートについては正史には記載がないが、やはり壱岐島や対馬を経由したようで、『万葉集』には防人(☞P50)同様、彼らの詠んだ歌も収録されている。

▼対馬の浅茅湾の東奥に位置する「西漕手」は、古代の港があった場所。初期の遣唐使や遣新羅遣使も利用したという

◀長崎県の特産のひとつで、細麺が特徴の五島うどん。中国大陸の製法が遣唐使によってもたらされたとの説がある

玄海灘とともに生き 源平合戦で活躍した 海の武士団「松浦党」

松浦鉄道松浦駅の近くには「松浦党発祥の地」碑が立つ▲

嵯峨天皇の皇子 源 融がルーツ？

『魏志』倭人伝の冒頭では、対馬と壱岐の次に、魏の使者が最初に上陸する日本の本土として末盧国が登場する。末盧国は、現在の長崎県と佐賀県にまたがる松浦地方にあったとされている。玄界灘にリアス海岸が広がるこの地方を平安時代以降に支配し、“海の武士団”と呼ばれたのが「松浦党」だ。

松浦党の出自は明確ではないが、『平家物語』では、奥州の安倍宗任が前九年の役で敗れ、九州に流されて松浦党の祖になったとしている。しかし現在では、嵯峨天皇の皇子で、臣籍に降った源融の8代目の子孫である源久を祖とするのが通説のようだ。久は延久元年（1069）、荘園の管理を行う御厨検校として松浦の今福に下り、松浦姓を名乗った。検非違使にも命じられた久は松浦地方を掌握し、梶谷城を本拠に力を蓄えていった。この子孫たちが領主として周辺に散り、拠点地の地名を苗字とし、血縁・地縁を通じて多数の集団を形成して九州北西部沿岸を支配下に置いたのである。

▲松浦市の調川道路公園の高台には、松浦党をモチーフに兜をかぶった武士のモニュメントがある

松浦党が武士団として発展したのは平安時代末期。平家の家人として、源平合戦では平氏方の水軍の主力をなした。しかし、天下分け目となった壇ノ浦の戦いでは源氏方に寝返り、源氏の勝利に大きく貢献。その功績により、鎌倉幕府の御家人となり、九州北部の地頭職に任じられる。だが、もともとは平氏の家人だったことから、源頼朝からあまり信頼を得ることはできなかったようだ。それでも、元の勢力が九州北部に攻め寄せた二度の蒙古襲来（☞P58）では、奇襲戦法などで応戦。多くの松浦党が犠牲となった。

◀松浦党の祖・源久が築いた梶谷城跡。当初は山城だったが、朝鮮出兵の際に秀吉が近世城郭に改築した。曲輪や石垣などの遺構が見られる

松浦党の主な分布図

松浦党は南北朝時代、東西のエリアによって上松浦党と下松浦党に分かれたとされる。一般に松浦四十八党と称されるが、実際にはもっと多くの分家があったようだ

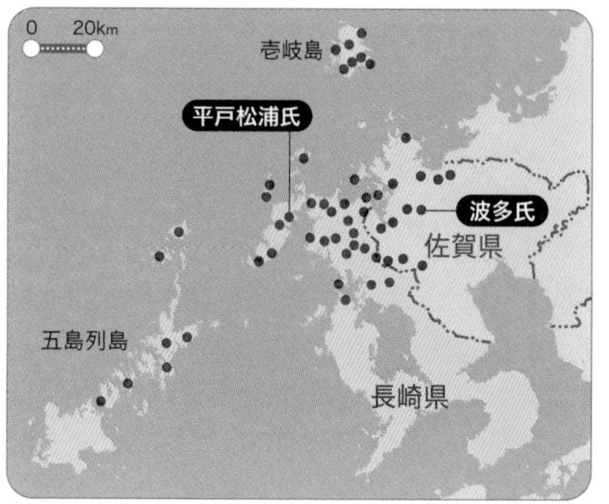

海賊から戦国大名そして平戸藩主へ

松浦党は玄海灘を行き来して、朝鮮半島や中国大陸と交易を行う商人の顔も持っていた。ただし、時と場合によっては略奪や乱行も行っていたようで、中央の貴族たちの間では海賊とのイメージも持たれていたという。平安から鎌倉にかけての歌人・藤原定家は、日記の『明月記』に「鎮西の凶党等、松浦党と号す」と書き、さらに、松浦党は数十隻の兵船で朝鮮半島の高麗に赴いて、民家を焼き、資材を掠め取ったと記している。これが、後に倭寇と呼ばれる武装集団の始まりとなったとの説もある。

松浦党は常に結束力が強固だったわけではないようで、日本中が南朝と北朝に分かれて戦った南北朝時代には、一族も各家の利害関係に応じて南北に分かれた。しかし、やがて「一揆契諾*」と呼ばれる合議制によって結束を固める体制を採用。室町時代に幕府が日明貿易を行うようになると、玄海灘に精通した集団として、遣明船の警護の任に当たった。

▼歴代今福松浦家の菩提寺である宛陵寺。源久の菩提寺として創建されたといわれ、江戸時代に描かれた本堂の天井絵で名高い（写真：長崎県観光連盟）

松浦党は、居住地によって上松浦党と下松浦党とに大別され、その数は48家とも50家以上ともいわれる。室町時代から戦国時代にかけて、これらの中から各家を併合して強大化し、戦国大名となったのが、上松浦党最大の一族だった波多氏と、下松浦党の峯氏（平戸松浦氏）だ。しかし、波多氏は朝鮮出兵の際に勝手な行動を取ったため、豊臣秀吉によって取り潰された。一方の平戸松浦氏は関ヶ原の戦い後、平戸藩6万3千石の外様大名となり、松浦党における唯一の生き残りとして、明治維新まで存続した。

▲江戸時代、平戸藩平戸松浦氏の居城だった平戸城。明治時代に廃城となったが、現在は模擬天守が建てられ、内部では松浦党の資料が展示されている

＊一揆は「心を一つにする」の意味。松浦党では、足利将軍家への忠節、争いの話し合いや多数決による解決などについての取り決めが行われた

鎌倉時代の未曾有の国難 長崎の陸海に残る 蒙古襲来の爪痕

壱岐島の芦辺港フェリーターミナルには、弘安の役で奮戦した少弐資時像がある▲

壊滅的な打撃を受けた 対馬と壱岐島

鎌倉時代、幕府崩壊の遠因となり、中世の日本に大きな影響を与えたのが、文永11年(1274)の「文永の役」と、弘安4年(1281)の「弘安の役」からなる「蒙古襲来(元寇)」だ。これらの戦いでは、福岡県の博多を中心とする九州北部が主戦場となり、中国から最も近い長崎も激戦地となった。なかでも大きな被害に遭ったのが、対馬および壱岐島である。特に対馬は、元軍の出発地である朝鮮半島の合浦から、目と鼻の先の距離。元軍が真っ先に攻め寄せた場所だった。

文永の役では、およそ1000人の元軍が対馬の小茂田浜に上陸。対馬守護代の宗助国が率いる80余騎の対馬勢を全滅させた。元軍は非戦闘員である島内の民衆をも殺戮、あるいは捕虜とした。壱岐島では、守護代の平景隆が100余騎で応戦したものの、やはり多勢に無勢で全滅した。元軍は壱岐島でも島民に対して残虐非道の限りを尽くしたという。また、松浦党(☞P56)の拠点だった松浦地方でも、松浦党の武士の数百人が討たれ、対馬、壱岐島に劣らぬ惨状を呈した。

その後、元軍は博多湾へ押し寄せたが、最終的には勝敗を決することなく撤退した。かつては暴風雨のためといわれていたが、現在では諸説あり、正確な撤退理由は不明だ。

▲対馬西海岸の小茂田浜。蒙古襲来は、元軍最初の上陸地であるこの場所から始まった

海底に沈んだ元軍の遺物 鷹島海底遺跡

元軍の二度目の侵攻となる弘安の役では、2軍からなる総勢14万人以上という軍勢で攻め寄せ、まずは1軍が対馬と壱岐島を占領した。壱岐島では弱冠19歳の守護代、少弐資

◀壱岐島で「ショウニイ様」と呼ばれてきた石積みの塚。明治時代に少弐資時の墓だと判明した

▼二度に及んだ蒙古襲来の様子を描いた国宝の『蒙古襲来絵詞』（下図は模本）には、現在の長崎・佐賀沖での海戦の様子が描かれている（写真：九州大学附属図書館）

時が奮戦し、4万人の敵を前に壮絶な最期を遂げたという。このとき元軍は、文永の役以上の残虐さで島民を蹂躙したと伝わる。

文永の役の後、博多湾周辺には「元寇防塁*」が築かれ、弘安の役での元軍は日本軍を攻めあぐねた。その隙に日本軍は巻き返し、壱岐島を占領する元軍に対し、資時の父である経資を総大将に松浦党や竜造寺氏らが攻撃をかけ、壱岐島から元軍を撃退。その後、元軍は松浦市の鷹島沖に集結したが、その夜、暴風雨によって軍船の多くが沈没、損壊するなどして大損害を被った。日本軍は総攻撃を仕掛けて追い打ちをかけ、元軍を壊滅させ、日本軍の勝利で弘安の役は終わった。

4400隻もの船と元軍兵士が海中へ没した鷹島付近では、時を経て、地元の漁師が水中から刀剣や碇石などを引き揚げるようになった。そこで、昭和55年（1980）から調査が行われ、船体の一部や陶磁器類、武器や武具類などが多量に出土した。2011年には竜骨と外板が残る船底が発見され、分析の結果、弘安の役で沈没した元軍のものと判定された。最初の調査以来、海底からは4000点以上の遺物が発見され、2014年には2隻目の沈没船も確認された。これらの遺物は、文献や絵画でしか知られなかった蒙古襲来の様相を示す、きわめて貴重なもの。一帯は鷹島海底遺跡と呼ばれ、そのうち鷹島南岸東部の神崎港沖の海域は「鷹島神崎遺跡」として、海底遺跡では初めて国の史跡に指定されている。

▲戦場となった壱岐島の「文永の役新城古戦場」には、犠牲者を弔った千人塚がある。島内にはこのような千人塚がいくつも残る

◀鷹島神崎遺跡からは、日本軍を苦しめた、手榴弾のような元軍の「てつはう」も出土した（写真：国立文化財機構所蔵品統合検索システム）

▼鷹島神崎遺跡で2014年に発見された2隻目の沈没船。船首部分とされる（写真：松浦市教育委員会）

＊鎌倉幕府が元軍の再度の襲来に備え、九州各国の御家人などに命じ、博多湾沿岸一帯約20kmにわたって造らせた石の防衛施設

キリシタン大名として戦乱の世を生き抜いた長崎開港の祖・大村純忠

大村藩の居城だった玖島城の本丸跡に立つ大村神社▲

キリスト教に帰依した日本で最初の大名

長崎の偉人の中でも、日本で初めてキリスト教信者となった大名として知られるのが、大村純忠だ。純忠は天文2年(1533)、肥前の島原半島一帯を治める有馬晴純の子として生まれた。晴純は勢力拡大をもくろみ、長男以外の4子を養子に出し、次男の純忠は同じ肥前の大村純前の養子となった。純忠を迎えた純前は、代わりに実子又八郎(貴明)を後藤氏へ養子に出した。これは純前が勢力拡大を図ったとも、又八郎の出自に問題があったともいわれる。天文19年、純忠は17歳の時に大村氏18代当主となるが、この複雑な養子縁組は後々まで純忠を悩ませることになる。

▲純忠が永禄7年に築いた三城城跡。子の喜前が慶長4年(1599)に玖島城を築いて移るまで、大村家の居城となった

この年、平戸に初めてポルトガル船が来航。以後、平戸は南蛮貿易とキリスト教布教の重要拠点となったが、永禄4年(1561)、日本人とポルトガル人の争いである「宮の前事件*」が起こり、イエズス会は平戸を退去。翌年、純忠はイエズス会のために横瀬浦港を開港した。純忠は、南蛮貿易の利益により、弱小だった領内の財政と軍事力の強化をもくろんだのである。その代わりに布教を許して、家臣とともに洗礼を受けた。日本初のキリシタン大

▶イエズス会士カルディムが著した『日本殉教精華』に描かれた純忠。洗礼名はドン・バルトロメオだった

(写真：国立文化財機構所蔵品統合検索システム)

▲西海市の横瀬浦港は平戸に代わって開港し、純忠がキリスト教の洗礼を受けた場所。現在、港一帯は横瀬浦公園として整備されている(写真：長崎県観光連盟)

* 平戸町人とポルトガル商人の商売上の論争を通りがかりの武士が仲裁したのを機に、日本人とポルトガル人の喧嘩となり、ポルトガル人十数名の死傷者を出した事件

▼大村市の坂口館は、龍造寺氏の圧迫を受け、領主の座を退いた純忠が晩年に隠居した屋敷があった場所。現在は大村純忠史跡公園となっている

名の誕生である。とはいえ、当初の純忠は神仏への信仰も持ち続けていたようだ。

天正2年(1574)、純忠は宣教師に感化され、急激にキリスト教へ傾倒。領民を強制的にキリシタンに改宗させ、神社仏閣を破壊した。あまりの信仰心の強さゆえに、自分の先祖の墓さえ壊し、改宗しない領民を外国に売ったこともあったという。天正8年には、横瀬浦港に代わって開港させていた長崎をイエズス会に寄進し、現在に続く長崎の発展の基礎を築いた。2年後には、ローマ教皇謁見のため少年使節も派遣(☞P62)した。

戦国時代を生き抜き幕末まで続いた大村藩

純忠はキリシタンとしての面が強調されることが多いが、戦国武将としても優れ、数々の戦いで功を立てた。特に、純忠のために生家を追い出された形となった後藤貴明の恨みは深く、純忠はたびたび大村領に攻め込む貴明を退けている。長崎に港を移したのも、横瀬浦港が貴明らに襲撃されたためだった。

永禄9年、貴明は純忠のキリスト教信仰に反発する大村家臣団の一部を抱き込んで陣を構えたが、事前に察知した純忠は逆に夜襲をかけ、貴明軍を撃破した(鳥越・伊理宇の戦い)。また、元亀3年(1572)には居城の三城城が貴明をはじめとする約1500人もの軍勢の急襲を受けたが、わずか80人程度で城内への侵入を防ぎ撃退した。純忠の家臣7人が大きな活躍をした「三城七騎籠」のエピソードで知られる戦いだ。

▼江戸時代を通じて大村藩の居城となった玖島城(大村城)。現在は大村公園となり板敷櫓が再建されている

純忠の晩年は佐賀の龍造寺氏からの圧迫を受け、大村の領主権を失うこともあった。しかし、豊臣秀吉の九州平定に従った(出陣したのは長男の喜前)ことで旧領を安堵され、豊臣政権下の一大名となった。そして、江戸時代を迎えると喜前は初代大村藩主となり、大村藩は廃藩置県まで領地替えをされることなく存続するのである。

▲大村家の菩提寺であり、歴代藩主の墓所がある本経寺。純忠の墓はないが、国の史跡に指定されている

(写真：長崎県観光連盟)

日本初のヨーロッパ訪問団 天正遣欧少年使節たちの栄光と挫折の生涯

西海市にある、ローマの方向を指さす
中浦ジュリアン像▲
（写真：長崎県観光連盟）

大役を背負い西洋へ

天文18年（1549）年にキリスト教が日本に伝わって以後、イエズス会の宣教師たちは教会や、宣教師の養成学校であるコレジオ、神学校のセミナリオなどをつくり、布教に励んだ。こうした宣教師の一人、アレッサンドロ・バリニャーノは、日本の若者をヨーロッパに派遣することを、九州のキリシタン大名である肥前の大村純忠（☞P60）、有馬晴信、豊後の大友宗麟の3人に勧めた。目的は、ローマ教皇から布教の援助を得るため、また、少年たちにヨーロッパのキリスト教世界を見聞させて日本での布教に役立てるためだった。

そこで、3大名の名代として使節に選ばれたのが、伊東マンショ、千々石ミゲル、中浦ジュリアン、原マルチノの4人だった。年齢わずか13～14歳だが、いずれも島原のセミナリオでキリスト教や地理学、天文学、ラテン語などを学んだ優秀な生徒たち。天正10年（1582）に長崎を出港した彼らは、マカオ、インド、喜望峰を回り、約2年半かけてポルトガルのリスボンに到着した。

▲大村市の天正遣欧少年使節顕彰之像。彼らは活字印刷機械など西洋の進んだ技術や知識を持ち帰り、日本文化の発展に貢献した（写真：長崎県観光連盟）

一行は、ポルトガル及びスペイン国王フェリペ2世に謁見した後、イタリアでローマ教皇グレゴリウス13世に謁見。 3大名からの書簡と贈り物を献じた。歓待された彼らはローマ市民権を与えられ、日本のセミナリオに対する教皇庁の援助を得ることに成功。折しもローマ滞在中にグレゴリウス13世が没し、彼らは後を継いだシクストゥス5世の戴冠式や祝福パレードにも参列した。大役を終えてローマを発った一行はイタリアの諸都市を訪問。行く先々で大スターのような歓迎を受け、彼らや日本についての本なども多く刊行された。長崎に帰り着いたのは天正18年、実に8年半に及ぶ長旅だった。

時流が少年たちを翻弄

しかし帰国後の日本は、彼らが出発した時とは様変わりしていた。キリスト教を保護し

＊バテレンとはカトリックの宣教師や司祭のこと。宣教師たちを追放し、教会を破壊し、長崎などを直轄地とした

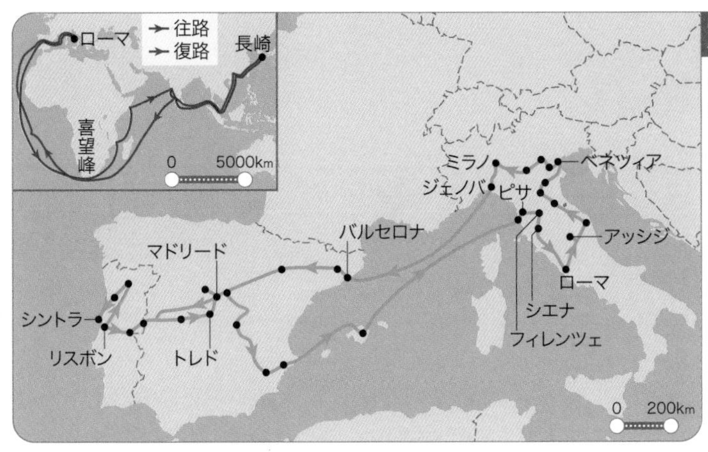

天正遣欧少年使節の巡路

航海は熱帯域で熱病にかかるなど過酷なものだった。命を落とした乗組員もいたという

◀天正遣欧少年使節顕彰之像の横には、帆船に見立てた碑も立つ

た織田信長は彼らの出発後すぐに没し、大村純忠と大友宗麟も他界。信長の後を継いだ豊臣秀吉は、当初こそキリスト教には寛容だったが、その態度は徐々に変わり、天正15年には「バテレン追放令*」を発令していた。

4人は有馬晴信の取りなしで、京都の聚楽第で秀吉に謁見した。彼らが披露した西洋音楽は秀吉を喜ばせたというが、その後もキリスト教弾圧は強まっていき、江戸時代には全国に禁教令が出され、4人の運命も大きく変わっていった。

千々石ミゲルは帰国から10年後に棄教。棄教の理由や、晩年の様子は定かではない。伊東マンショは九州を転々として布教に努めたが、慶長17年(1612)に病死。原マルチノはマカオへ追放され、寛永6年(1629)に没した。中浦ジュリアンは国外追放に応じず日本で布教を続けた結果、捕らえられ、寛永10年に拷問の末に穴吊りの刑**に処せられた。こうして、少年時代に日本の代表として渡欧した4人は、時代の波にはさからえず、数奇な運命をたどったのである。

『天正遣欧使節肖像画』

ドイツで印刷されたもの。
使節団の4人と案内兼通訳のメスキータ神父が描かれている(写真：京都大学附属図書館)

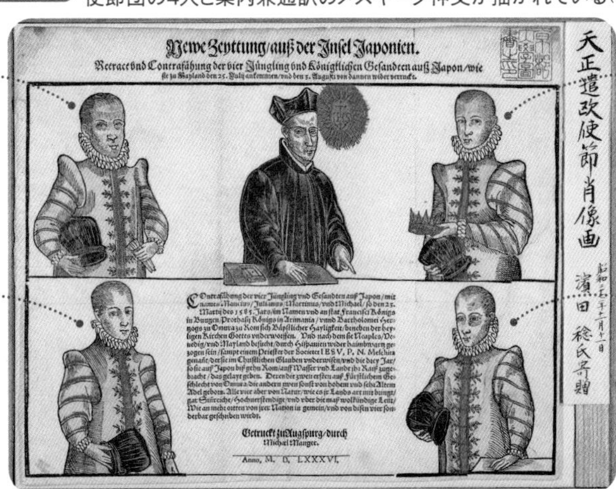

中浦ジュリアン
大村純忠の家臣の子。使節の副使を務めたが、4人の中で特に悲劇的な最後を遂げた

原マルチノ
純忠の家臣の子。4人の少年の中で最年少で、使節の副使を務める。マカオで病死した

伊東マンショ
使節の最年長で正使を務めた。大友宗麟の縁戚に当たる。布教活動で体調を崩し病死した

千々石ミゲル
純忠の甥で有馬晴信のいとこに当たり、正使を務めた。棄教後は大村藩士になったとされる

＊＊糞尿などの汚物を入れた穴の中に、信者の体をぐるぐる巻きに縛って逆さに吊るす刑。容易に絶命しないよう、信者は耳たぶやこめかみに血抜き用の穴を開けられたという

長崎で処刑され 聖人となった悲劇の人々 日本二十六聖人

日本二十六聖人殉教地にある聖人たちのブロンズ像▲

処刑のきっかけとなったサン・フェリペ号事件

慶長元年(1597)、長崎で26人のカトリック信者が処刑されるという事件が起こった。処罰を命じたのは豊臣秀吉である。

もともと秀吉は、キリスト教の布教には寛容だった。しかし、キリシタン大名の大村純忠(☞P60)によるイエズス会への長崎の寄進や、キリスト教を信仰しない者が奴隷として連れ去られていることなどを聞き、キリスト教に脅威と警戒の念を抱いた。そこで天正15年(1587)、外国人宣教師の国外追放を命じるバテレン追放令を発布。しかし、これはキリスト教の信仰自体を禁じるものではなく、実際の取り締まりも緩かったようだ。それは、布教が貿易と一体化していたため、取り締まりの強化によって貿易の機会が失われるのを恐れたためだ。一方でイエズス会の宣教師たちも秀吉を刺激しないように努めた。文禄2年(1593)にはフランシスコ会の宣教師も来日。こうして、バテレン追放令の発布後も宣教師たちの活動は続いた。

ところがその後、秀吉が心変わりをするような事件が起こる。文禄5年、スペイン商船のサン・フェリペ号が航海中に嵐に見舞われ、土佐に漂着した。秀吉は五奉行のひとりである増田長盛を、積荷没収のために派遣。この長盛に向かって、乗組員が、スペインが日本よりも大国であることを誇示するとともに、

▲二十六聖人の記念碑と背後の記念館。いずれも列聖100年を記念して建立された

▲記念碑と同時に建立された日本二十六聖人記念館では、日本のキリスト教の歴史を知ることができる

＊フランシスコ会員6人(スペイン人4人、メキシコ人1人、インド人1人)、日本人イエズス会修道士3人、日本人信徒17人

▼江戸時代のスペインの書物に掲載された殉教の様子。当時の日本の情報が少なく、中国人のような姿で描かれている

スペインは布教とともに日本の征服をもくろんでいるとほのめかした。言葉の真偽は定かではないが、いずれにしてもこの報告が、秀吉を激怒させたのである。

イエスのごとく丘の上で磔に

慶長元年11月、秀吉は京都と大坂のキリスト教信者24人を、長崎で処刑することを命じた。この中には12歳の少年もいた。処刑に先立って彼らは左耳たぶを切られたが、これについては、秀吉から鼻と両耳を切り落とすよう命じられていた京都奉行の石田三成が、温情をかけて左耳たぶのみにとどめたとの話もある。その後、24人は見せしめのために荷車で京都の町を引き回され、長崎へ向けて徒歩で出発。道中でさらに2人が捕らえられ26人*となった一行は、約1ヵ月後に長崎に到着した。処刑場所は、イエスが処刑されたゴルゴタの丘**に似ているからと信者らが望み、西坂の丘が選ばれた。やがて彼らは十字架に磔にされ、役人たちに槍で突かれて処刑された。この出来事は宣教師たちによってヨーロッパに伝えられ、日本初の殉教者

▼長崎への連行の際、26人は船で大村湾を横断した。東彼杵郡東彼杵町には「日本二十六聖人乗船場跡」の碑が立つ（写真：長崎県観光連盟）

である彼らの遺骸は世界各地に送られた。

時が下って文久元年（1862）、ローマ教皇ピウス9世が彼らを聖人の列に加えたことで、彼らは「日本二十六聖人」と呼ばれるようになり、処刑が行われた2月5日はカトリック教徒らの祝日となっている。

西坂の丘では江戸時代の元和8年（1622）にも、55人のキリスト教徒が処刑される「元和の大殉教」が起こった。こうしたことから、昭和25年（1950）、西坂の丘はローマ教皇ピオ12世により、日本二十六聖人殉教地としてカトリックの公式巡礼地と定められた。現在は、二十六聖人の等身大のブロンズ像が嵌め込まれた記念碑と、記念館が立つ。

▲55人が火刑と斬首によって処刑された元和の大殉教を描いた絵。この55人は慶応3年（1868）に列福された

**イエス・キリストが十字架に磔にされたと『新約聖書』で記されている、エルサレムの丘。現在はその場所に聖墳墓教会が立つ

秀吉、家康ら権力者と朝鮮王朝との間で板挟み 対馬宗氏の処世術

厳原町にある、対馬初代藩主の宗義智像▲

“嘘”で呼んだ朝鮮使節

古来、浅からぬ関係にあった日本と朝鮮半島の間で、中世から近世にかけてその橋渡し役を担ったのが対馬の宗氏だ。宗氏は耕作に不向きな対馬で、朝鮮半島との貿易に生きる道を見出した。この日朝貿易は応永26年(1419)、倭寇の根拠地と目された対馬に朝鮮軍が侵攻した「応永の外冦」で一時中断する。しかし、その後の講和交渉を通じ、宗氏は朝鮮側の意向を受け入れ、貿易を再開。嘉吉3年(1443)には通商上の規約を定めた嘉吉条約を結んだ。倭寇の鎮圧にも尽力して朝鮮から対日貿易の窓口として保護されるなど良好な関係を築き、宗氏は貿易利益による安定した領国経営を行った。

▲宗氏が享禄元年(1528)に築いた金石城。対馬藩の政庁であり、朝鮮外交の場でもあった

◀18代当主の義調。倭寇討伐で朝鮮に協力し、弘治3年(1557)に丁巳約条を結んで貿易を拡大するなど、宗氏に繁栄をもたらした(写真：国立文化財機構所蔵品統合検索システム)

ところが、その後に危機が訪れる。天正15年(1587)、豊臣秀吉から、朝鮮に明征服の先導役を務めさせるため日本に挨拶に来るよう交渉しろと命じられたのだ。明を宗主国とする朝鮮が応じるとは思えず、日朝間もこじれかねない。しかし、天下人の秀吉には逆らえず、当主の義智は自ら朝鮮に赴き、「秀吉の日本統一を祝うため」と偽って通信使の派遣を要請した。そして通信使が来日し、秀吉は京都で引見。彼らを服属使節と思い込んでいた秀吉は、改めて明征服の先導役を命じたが、朝鮮側は話が違うと憤慨した。義智は「朝鮮国内の通行許可がほしいだけ」と再び偽って交渉したが、朝鮮側は拒絶。かくして秀吉は朝鮮出兵を決断。宗氏は従わざるを得ず、二度の出兵において一番隊を務めた。戦は秀吉の死で終結したが、宗氏が築いてきた日朝関係もまた破綻した。

『正徳元年朝鮮通信使参着帰路行列図巻』（部分）

正徳元年（1711）に来日した朝鮮通信使を対馬藩の命で描いたもの。盛大な様子がうかがえる。九州国立博物館所蔵

（写真：国立文化財機構所蔵品統合検索システム）

国書偽造で国交回復

朝鮮との断絶は宗氏にとっては死活問題だった。しかし、貿易が大事という点では、秀吉没後に天下人となった徳川家康にとっても同様で、それには宗氏の存在が不可欠だった。そのため、宗氏は関ヶ原の戦いで西軍についたにもかかわらず処分を受けず、家康から朝鮮との国交回復を命じられた。しかし、信頼を取り戻すのは容易ではなく、朝鮮は交渉の過程で多くの条件を突きつけた。特に重要なのが国書の要求だった。国書を先に出すことは相手国に恭順の意を示すことになるが、家康がそんな要求をのむとは思えなかった。

そこで、初代対馬藩主となった義智は再び一計を案じ、朝鮮へ提出する国書、および朝鮮からの返書を偽造・改ざんした。そして、慶長12年（1607）には朝鮮使節が来日して国交が回復し、2年後には朝鮮と宗氏の間で通商条約の己酉約条が結ばれ、貿易も再開されたのである。この功により、対馬藩には10万石クラスの家格が与えられた。

ところが、これが原因で、後に対馬藩は再び危機に見舞われる。新当主・義成との確執を深めた重臣の柳川調興が、国書偽造を幕府に暴露したのだ。これに対し、3代将軍家光は自ら裁決に乗り出し、義成には無罪、調興には流罪を言い渡した。日朝関係の維持には宗氏が必要だと判断した結果だといわれる。

◀対馬では昭和55年（1980）から、朝鮮通信使の行列を再現する日韓交流イベント「朝鮮通信使行列」が行われている

（写真：長崎県観光連盟）

こうして江戸時代に日本と朝鮮は友好的な関係を保ち、朝鮮通信使の来日は12回にも及んだ。そして、鎌倉時代以降、長期にわたって対馬の島主および領主であり続けた宗氏は、近世は外様大名として幕末まで15代にわたって続いたのである。

▲宗氏の菩提寺である万松院。境内の墓所は大大名並みの規模で、前田藩墓地（石川県）、毛利藩墓地（山口県）と並び、日本三大墓地のひとつに数えられる

総大将は16歳！日本史上最大規模の一揆 島原・天草一揆

原城の本丸跡には天草四郎時貞の墓がある▲

領主の圧政に領民の不満が大爆発

江戸時代の日本は、海外諸国との交易や外交を厳しく管理する、いわゆる「鎖国」政策を段階的に進めていった。その完成にいたる大きな契機になったのが、寛永14年(1637)から翌年にかけて、長崎の島原および熊本の天草地域で起こった「島原・天草一揆(島原の乱)」だ。

戦国時代、島原は有馬晴信、天草は小西行長というキリシタン大名が治め、キリスト教信仰が盛んだった。ところが、島原では江戸時代に有馬氏が転封。新領主の松倉氏は領民に圧政を敷き、年貢を納められない者や、改宗を拒んだキリシタンに対して残虐な拷問や処刑を行った。一方、佐賀の唐津藩の飛び地として寺沢氏が治めるようになった天草でも、島原同様の圧政とキリシタン弾圧が行われた。凶作や飢饉が続いていた当時、民を助けるどころかさらに苦しめる領主に対し、領民たちの我慢も限界に近づいていた。

こうしたなか、島原の代官が年貢を納められなかった家の妊婦を水牢で絶命させた事件などをきっかけに、農民たちが代官を殺害して蜂起。藩主の居城の島原城を襲った。数日遅れて、天草の農民たちも弱冠16歳の天草四郎時貞を擁し、寺沢氏の富岡城を攻撃した。その後、両地域の農民たちは島原で合流。時貞を総大将とする3万7000人が、一国一城令で廃城となっていた原城に立て籠った。

時貞が総大将になった理由については、ひ

▲原城は戦国時代に有馬貴純によって築かれた堅牢な城だった。世界遺産「長崎と天草地方の潜伏キリシタン関連遺産」の構成資産でもある(写真：長崎県観光連盟)

▲原城本丸跡の空堀。海に近かったため、満潮時には海水で満たされたとされる

『嶋原御陣図』(部分)

原城での包囲戦の様子を描いたもの。オランダ船も描かれている。伝習館文庫所蔵(写真:柳川古文書館)

とつのエピソードがある。時を遡ること25年前、天草の宣教師がマカオに追放される際、25年後に16歳の天童が降臨し天国が実現すると言い残した。幼少時から聡明だった時貞こそ、その天童と思われたというのである。

幕府を恐れさせたキリシタンの団結力

原城に籠った一揆軍は、単なる農民の集まりではなかった。キリシタン大名の家臣から百姓や浪人に身をやつした、元武士も多かった。時貞の若さを考えると、戦を知っている浪人たちが反乱を主導したのだろう。

実際、板倉重昌(いたくらしげまさ)を総大将とする最初の鎮圧軍は原城を攻めあぐね、重昌は戦死。幕府は次に、名将の誉れ高い松平信綱(まつだいらのぶつな)を派遣した。信綱は九州の大名からなる12万もの大軍で原城を包囲し、さらにオランダ船に援護射撃を要請。しかし、400発もの砲弾を撃ち込んだものの、効果は上げられなかったという。

▼島原城は、江戸時代に島原に移封した松倉氏が築いた。復元された5層の天守内にはキリシタン史料館があり、一揆関連の資料などを展示している

籠城戦は4カ月近くに及んだが、一揆軍の人数の多さが逆に仇となり、城中の兵糧は欠乏していった。信綱は討ち取った死体の胃を見分し、内容物の少なさから食料が尽きかけていると判断。2日間にわたって総攻撃をかけ、ほぼ全員を討ち取った。

この一揆は過重な年貢負担や圧政、キリシタンへの迫害、凶作や飢饉など多くの原因で起こったものだった。だが、キリシタンの団結力の強さを脅威に感じた幕府は、一揆の翌年にはキリスト教を広めるポルトガル船の来航を全面的に禁止。そして、オランダ人を長崎の出島(☞P70)に移らせ、貿易を幕府の統制下におく、いわゆる「鎖国」体制を完成させていくのである。

▲原城本丸跡にある祈りを捧げる時貞の像。時貞には幼い頃から数々の奇跡を起こしたとの伝説がある

江戸時代の日本の窓口 出島で営まれたオランダ人の生活

出島では15分の1スケールのミニ出島が再現されている▲

江戸時代を通じて唯一の西洋との窓口

江戸幕府は、当初はキリスト教の布教に寛容だった。しかし、慶長14年(1609)に端を発する、キリシタンが絡んだ岡本大八事件*が契機となり、慶長17年、幕府は直轄領に対して禁教令を発令。翌年には全国に広げた。寛永元年(1624)にはスペイン船の来航を禁じ、寛永13年にポルトガル人の収容のため、長崎に日本初の本格的な人工島の「出島」を築いた。面積はサッカー場2面分ほどの、扇形**の島だった。主に長崎の有力町人25人が出資し、現在の金額で約4億円かかったといわれる。

しかし、完成翌年に起こった島原・天草一揆(☞P68)を機にポルトガル人が国外追放となったため、出島はわずか3年で無人島となった。そこで寛永18年、平戸にあったオランダ商館が出島に移設された。オランダ人が追放されなかったのは、布教よりも貿易を重視し、島原・天草一揆でも幕府に協力したためだ。こうして出島は開国に至るまで、200年以上にわたって西洋との唯一の貿易窓口となった。そして、出島を通じて流入した舶来の文化や文物は、日本の近代化に計り知れない役割を果たした。

江戸時代は一般に鎖国時代といわれているが、出島以外でも、対馬藩が朝鮮、薩摩藩が琉球王国、松前藩が蝦夷地のアイヌと貿易を

▲出島があった頃の長崎港の様子。江戸時代後期の絵師・川原慶賀が描いたもの

（写真：国立文化財機構所蔵品統合検索システム）

▲出島と対岸を結ぶ出島表門橋。当時の橋は長さ4.5mだったが、川幅が約30mに広がったため、2017年に長さ38.5m、幅4.4mの橋が架けられた

*徳川家康の重臣・本多正純の家臣でキリシタンの岡本大八が、キリシタン大名の有馬晴信を偽って収賄し、両者が処刑された事件。キリスト教の幕府内への浸透が明らかになった

◀江戸時代の絵師・長谷川雪旦（はせがわせったん）が『西国写生（さいごくしゃせい）』に描いた出島の絵。家畜や、ビリヤードに興じるオランダ人が描かれている
(写真：国立国会図書館)

行っていた。これら4カ所の外交窓口は「四つの口」と呼ばれ、これらの窓口のなかで出島だけが幕府の管轄下にあった。

退屈なりに楽しんだオランダ人たち

出島には多い時で約50の建物があり、一年を通じて、オランダ商館長をはじめとするオランダ東インド会社の社員、召使の東南アジア人など15人ほどが居住した。乙名（おとな）と呼ばれる事務管理の役人や、通訳を務めるオランダ通詞（つうじ）、密貿易の監視をする探番（さぐりばん）など通いで勤務する日本人も多く、日中の人口は100人を超えた。人の出入りは監視され、島内のオランダ人の外出は原則禁止。一般人との接触も制限されたが、遊女や高野聖（こうやひじり）は入島が許されていた。

出島に住むオランダ人たちは、オランダ船入港時の数カ月のみ多忙で、それ以外は暇だった。あまりの退屈さに「国立の監獄」と言う者もいたほどだ。それでもビリヤードやバドミントン、演奏会などの娯楽を楽しみ、酒や煙草も大いに嗜んだ。食生活は本国と同様で、島内で野菜を栽培するほか、インドネシアから輸入した食用の牛や豚などを飼育していた。年に一度のオランダ正月には、日本人を招いて盛大なパーティーが催された。

開港によって役割を終えた出島は、長崎港が近代的な港に生まれ変わる過程で周囲が埋め立てられ、特徴的な扇形の島は内陸化し姿を消した。しかし、世界史上でも貴重な歴史的遺産として、大正11年(1922)に県内初の国の史跡に登録され、昭和26年(1951)からは復元整備事業が始まった。現在では複数の建物が復元され、「出島和蘭商館跡（でじまおらんだしょうかんあと）」として一般公開されており、2050年までに扇形の島の完全復元を目指している。

▲復元された出島の風景。オランダ商館のドイツ人医師ケンペルは出島の広さを横82歩、縦236歩と記した

▶カピタンと呼ばれたオランダ商館長の部屋。出島の中枢で、島内最大の建物だった

＊＊扇形の理由としては、当時の将軍の徳川家光（いえみつ）が扇を見本にするように言った、元来の弧状の場所を土台とした、波浪の影響を考慮したなど諸説ある

河合敦の歴史コラム❶

江戸時代の長崎貿易の意外な実態

江戸時代、唯一の国際貿易港として長崎ではオランダと清との交易が行われた。

1670年代から長崎での取引額は急速に増えていった。そこで幕府は、支払いに用いる金銀が流失することを防ぐため、貿易額の上限を定めるようになった。

さらに幕政を担っていた新井白石は、これまで国内から流出した金銀の総量を計算し、「このままでは100年も経たないうちに国内の金銀は涸渇してしまう」と危惧。正徳5年(1715)に貿易制限令(長崎新令)を出した。

これにより、オランダとは銀に換算して3000貫までしか取引を認めないことに決め、清についても銀6000貫までとした。また、長崎に入港できる清の船は年間30隻とした。それまで59隻来航していたので、半分に減らしたわけだ。しかも同年、日本に来航した清船に対し、長崎奉行所は先着順に「信牌(しんぱい)」(貿易許可証)を授与し、「次年度以降、この信牌を持参しなければ、長崎への入港を認めない」と申し渡したのである。

このとき信牌をもらえなかった清の商人たちは、清朝に対し「日本の年号が入った書状をもらい、日本に臣従した商人がいる」と直訴した。じつは、満州族が統治する清朝も中華(華夷秩序)思想を強く持っており、自国を中華(世界の中心)ととらえ、日本を野蛮な国(夷)と考えていた。このため清朝は「信牌を所持するのは容認できない」として、商人たちから日本の信牌をすべて没収したのだった。

とはいえ、商売のことだから、清の商人たちは翌年も長崎へ向かった。ところが幕府は、長崎に来た清船をすべて追い返してしまった。こうして日清貿易は断絶したのである。

すると清朝は、貿易商人たちに信牌を返却し、今後は交代で信牌を使い、交易を続けるようにと申し渡したのだ。なんとも意外な対応である。華夷秩序に抵触するのに、なぜプライドを捨ててまで、日本と交易する必要があったのだろうか。

じつはそうしないと、清の貨幣経済が成り立たなくなるからであった。

清は日本から莫大な量の銅を輸入していた。当時の清の貨幣制度は、銀銭と銅銭の複本位制になっていたが、銅銭が基軸通貨だった。その銅銭の鋳銭原料の6割から8割を、なんと日本からの輸入銅に依存していたのである。

つまり、日本からの銅の流入が途絶えてしまったら、清の貨幣経済は崩れてしまう危険性があったのだ。事実、日清貿易が中断されたとたん、清の鋳銭機関は清朝に対し、銅の不足を訴えている。そこで清朝は、たびたび重臣会議を開き、「信牌の日本の年号は、単なる商業上の記号に過ぎない」という康熙帝(こうきてい)の判断により、貿易商人たちに信牌を返却して日清貿易を再開させたのである。

ちなみに日本が輸出した銅の大半は、泉屋(住友家)の所有する別子銅山から採掘されたものだった。元禄3年（1690）に鉱脈が見つかったが、5年後には2700人の山師や労働者が集まり鉱山町が生まれるほどだった。いかに莫大な量の銅鉱石が掘り出されたかがわかるだろう。別子の銅鉱石は大坂へ運ばれ、泉屋の銅吹所で純度の高い棹銅に精錬され、長崎へと運ばれたのである。

日本の銅は、大量にオランダや東南アジアにも輸出されたが、輸出品は金銀銅などの貴金属だけでなく、伊万里焼や漆器、醤油なども莫大な量が輸出されたことがわかっている。とくに漆器の螺鈿の家具はヨーロッパ貴族にとても好評で、マリー・アントワネットも漆器を集め、漆器の机を愛用していた。日本産の陶磁器（主に伊万里焼）も「イマリ」と呼ばれ、中国の陶磁器「チャイナ」にかわって大人気になり、世界中で愛された。オランダ東インド会社の略称である「VOC」のマークが入った伊万里焼も数多くヨーロッパの博物館に現存している。そんな陶磁器を輸出する際、品物を包んだ保護材は、浮世絵の反古紙が多かった。この素晴らしさに目を見張ったヨーロッパ人は、日本が開国すると来日し、浮世絵をお土産として購入、それがマネやゴッホといった画家たちに絶大な影響を与えたのである。鎖国していたといわれる江戸時代にあっても、長崎からの輸出品は世界に大きな影響を与えていたのである。

いっぽう、長崎には海外からさまざまな品物が流れ込んできた。各地に唐物屋といわれる輸入雑貨店も存在した。『摂津名所図会』（1796年刊行）には、大坂の唐物屋の店内が描かれているが、それを見ると、西洋の椅子やワイングラス、中国製の壺、孔雀の羽などが所狭しと並び、客寄せのためエレキテル（オランダの医療器具）の実演が行われている。

また、寛政の三美人など美人画で有名な喜多川歌麿には「俗ニ云ばくれん」と題した作品があるが、画中の女性は袖をまくり上げて二の腕をあらわにし、片手で蟹を手づかみにし、もう片方の手ではワイングラスを持って酒を飲んでいる。そんな姿が描かれるほど、ワイングラスは一般的なものだった。

江戸時代後期になると、オランダ領のバタビア産などの砂糖が大量に輸入され、長崎から小倉までの長崎街道を通って日本各地にもたらされたのである。そこで俗に長崎街道をシュガーロードと呼び、これは日本遺産に登録されている。

また、珍しいものとしてはエジプトのミイラが長崎に入ってきた。ミイラを購入したのは薬屋や医師たちで、万能薬として珍重したのである。ミイラには防腐剤が塗られているが、その主成分はプロポリス。ミツバチの巣から採取される有機物質で、「天然の抗生物質」ともいわれ、抗菌作用が強く、滋養強壮によい。このため胃腸炎などにはそれなりの効果があったのだろう。このように、じつにさまざまな海外の品物が長崎に入ってきたのである。

◀長崎貿易は、長崎市の出島で行われた。出島は現在、建物が復元された観光地

文＝河合 敦（かわい・あつし）
歴史作家・歴史研究家。1965年東京都生まれ。早稲田大学大学院修了後、日本史講師として教鞭をとるかたわら、多数の歴史書を執筆。テレビ番組のNHK「歴史探偵」の特別顧問として人気を博す。多摩大学客員教授。

国際都市の長崎で幕府の目となり耳となった老中配下の長崎奉行

現在の長崎港周辺の夜景▲

イエズス会から取り戻され幕府の直轄領となった長崎

今でこそ日本を代表する港湾都市のひとつである長崎だが、昔は単なる寒村だった。長崎が歴史上、重要性を帯びてくるのは、元亀2年(1571)に大村純忠によって貿易港として開かれ、その後、天正8年(1580)に純忠がイエズス会に長崎を寄進してからである。これらは、純忠の方から申し入れたという。長崎が三方を山に囲まれた湾の奥に位置するために海面が穏やかで、船舶の停泊にも適していたことに加え、龍造寺氏や有馬氏などの有力大名に対抗するため、貿易利益で国力を増強しようと考えたからだ。

しかし、九州平定を進める豊臣秀吉は、長崎が外国の領土になっていることを知って激怒。それもあって、天正15年にバテレン追放令を発布。長崎を取り戻して直轄領とし、秀吉の後を継いだ江戸幕府も、長崎を直轄領とした。天領、幕領ともいわれる直轄領は、江戸時代には御料、御料所などと呼ばれていた。そんな長崎では、長崎奉行の下、町年寄を頂点とする長崎の地役人たちにより自治が行われた。

長崎奉行は老中直属の遠国奉行の中では最

◀江戸時代の『長崎諸役所絵図』の中にある、立山役所の見取り図。部屋の名や間口、奥行きなどが詳細に記されている
(写真：国立文化財機構所蔵品統合検索システム)

◀江戸時代にキリシタン判別のために用いられた踏絵。当初は紙や木製だったが、後に長崎奉行所の作った真鍮製が主流となった
(写真：国立文化財機構所蔵品統合検索システム)

▼現在、立山役所の跡地には、近世長崎の歴史を伝える長崎歴史文化博物館が立つ(写真：長崎県観光連盟)

も江戸から遠方で、その地位は江戸の町奉行に次ぎ、京都や大坂の町奉行よりも上だった。その職務は、長崎の統治支配はもちろん貿易統制や外交交渉、キリシタンの取り締まり、西国大名の監視など多岐に及んだ。政庁である長崎奉行所は、火災などで何度か移転し、延宝元年(1673)以降は立山役所と、貿易の監視を任務とする西役所の2カ所に置かれた。

人間模様に満ちた『犯科帳』の記録

当時の長崎は国内外から多くの人が集まっていただけに、寛文12年(1672)頃には、町の数は80、人口は約5万人にのぼり、西日本では京都や大坂に匹敵するほどの大都会だった。そのため、治安が良いとは言いがたく、長崎奉行の職務遂行には苦労が伴ったようだ。17世紀に長崎奉行を務めた者の中には、死亡した者や、病気で免職になった者が多いというから、かなりの激務だったのだろう。さらに幕末に向かうに従い、欧米列強の進出にも対応するなど、その重要性は時代を下るごとに増していった。

長崎奉行所では、文書や絵図類の記録が、各地の奉行所よりも多く残されている。「最後の長崎奉行」といわれた河津祐邦が、これらの資料をそのまま残して長崎を脱出*したためだ。2006年には、そのうち1242点が「長崎奉行所関係資料」として重要文化財に指定された。この中でも特に興味深いのが『犯科帳』。これは、124代に及ぶ長崎奉行による判決の記録が示されたもの。寛文6年から慶応3年(1867)までの約200年にわたる記録で、145冊にも及ぶ。記された犯罪は盗みや殺し、喧嘩、偽金作りといった現代でもありふれたものだが、抜け荷(密貿易)、キリシタンや外国人がらみといった長崎ならではの事件もある。これらの記録からは当時の長崎の町の様子や人間模様、長崎奉行の仕事ぶりを知ることができる。

▼長崎歴史文化博物館の敷地内では奉行所の建物が一部復元されている(写真：長崎県観光連盟)

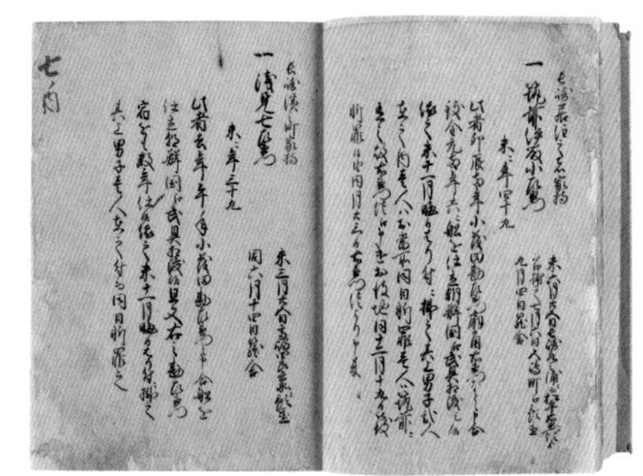

▲8200余りの案件が年代順に記録された『犯科帳』。当時の世相を反映した貴重な資料だ(写真：長崎歴史文化博物館)

*慶応4年の鳥羽・伏見の戦いでの幕府軍の敗北を知ると、密かに外国船で長崎を脱出し江戸に帰った。そのため長崎は混乱を避けられたが、祐邦は「夜逃げ奉行」と呼ばれた

鎖国下に出島と並んで国際交流の場だった長崎の唐人屋敷

崇福寺の象徴である龍宮門の三門▲

オランダ貿易より盛んだった清との貿易

出島でオランダ貿易が行われていた長崎では、中国(明、後に清)との貿易も行われていた。しかも、入港隻数にしても輸入額にしても、清との貿易のほうがオランダ貿易をはるかに凌いでいた。中国船は永禄5年(1562)頃に初めて長崎に来航した。以後、長崎の各所に来航したが、寛永12年(1635)に江戸幕府が外国の船の入港を長崎港に限定したことから、各地に散住していた中国の商人たちが長崎に集まった。

キリシタンではない中国人は当初、長崎市内に居住していた。しかし、入港する清の船が増えてくるにつれて密貿易が増加。そのため、幕府は中国人監視の必要性から居住区を設けることに決め、元禄元年(1688)から翌年にかけて、現在の館内町周辺に建設されたのが唐人屋敷だ。出島の倍以上の広さがあり、練塀、水堀や空堀、さらに外周が竹矢来で囲まれ、2000〜3000人を収容できた。大門の脇には長崎奉行所の役人の詰める番所が設けられ、出入りのチェックを行っていた。だが、出島のオランダ人が厳しく監視されたのに対し、唐人屋敷の中国人は比較的自由に出入りができたようだ。ただし、日本人は役人でも容易には入れず、出入りを許されたのは遊女

◀江戸時代に描かれた長崎港の図。出島、新地蔵所、唐人屋敷の位置関係がわかる

(写真:国立文化財機構所蔵品統合検索システム)

▲崇福寺の中門だった第一峰門。本堂である大雄宝殿とともに国宝に指定されている

＊日本の三禅宗のひとつ。隠元が万治4年(1661)、京都の宇治に萬福寺を創建したのに始まる。当初は臨済宗の一派だったが、明治時代に宗名を立てて黄檗宗とした。

◀元和6年(1620)の小庵創立をルーツとする興福寺は、長崎三福寺の最初に建立された

だけだった。

日本に影響を与えた隠元の黄檗宗*

長崎に住む中国人たちは、自分たちが仏教徒であることを証明するため、出身地別に寺院を建てた。中国船は航海や漁業の守護神である媽祖を船内に祀っていたが、こうした寺は日本滞在中にこの媽祖を安置する場所でもあった。中国船が長崎に来航した時には、港から寺まで媽祖を運ぶ媽祖行列が賑やかに行われたという。なかでも興福寺、福済寺、崇福寺は長崎三福寺と呼ばれ、このうち寛永6年に建てられた崇福寺は、日本に現存する中国様式の寺院としては最古である。

◀隠元は長崎で興福寺や崇福寺の住職を務めた後、京都に萬福寺を開いた
(写真：国立文化財機構所蔵品統合検索システム)

◀新地蔵所に広がる長崎新地中華街は、横浜、神戸と並ぶ日本三大中華街のひとつ

また、日本で暮らす中国人たちは故郷から高僧の渡来を切望した。これに応じて、承応3年(1654)に来日したのが、後に黄檗宗の開祖となる隠元である。隠元はインゲン豆や煎茶、普茶料理**などを中国から伝えたことで名高い。隠元の後も多くの僧が長崎に渡来し、中国人の建てた寺は貿易商人や文化人の集まるサロンのようになり、日本各地からも文人墨客が集まった。江戸時代において、出島と並んで国際交流の場である唐人屋敷だったが、開国後は衰退し、明治3年(1870)の大火によって焼失した。

オランダ貿易では貨物も出島内に置かれていたが、清との貿易では唐人屋敷のほかに、元禄15年に貨物置き場の新地蔵所が造られた。当初は長崎市内の土蔵に貨物を保管していたが、火災で貨物の大半が焼失したことで、新たな保管倉庫として埋立地を造成したのである。現在、その跡地は長崎新地中華街となり、港町長崎を代表する観光スポットのひとつとなっている。

◀江戸時代に描かれた唐人屋敷の様子。魚や野菜の商店もあった
(写真：国立文化財機構所蔵品統合検索システム)

＊＊隠元が伝えた精進料理で、葛と植物油を多く使った濃厚な味と、大皿に乗った料理を各人が取り分けるのを特徴とする

向学心に燃える若者たちで満ちあふれた幕末の長崎

長崎湾を見下ろす風頭公園に立つ坂本龍馬之像▲

学びの意欲に駆り立てられ長崎を目指した人々

幕末、欧米列強の圧力に直面した日本は、国防のために西洋の科学技術を導入し、洋学の研究を推進した。鎖国下の日本において、洋学は長崎の出島からオランダ語を介して移入された。蘭学である。長崎には、通訳に加えて貿易交渉を主任務とする世襲のオランダ通詞がいた。なかでも長崎出身の吉雄耕牛は50年余りも通詞として活躍し、オランダ語はもとより天文、地理、医学などにおいても指導的立場にあったといわれる。この時期、蘭学の受け入れ口だった長崎は、学問や技術に関する最先端の場所だった。そのため、江戸や京都からは遠く離れていたにもかかわらず、蘭学や医術で名を上げようと、長崎へ遊学する者が多かった。

当初の遊学者は医者が多かったが、その後、天保11年（1840）に始まるアヘン戦争での大国・清の敗戦や、嘉永6年（1853）のペリー率いるアメリカ艦隊の江戸湾への来航といった国際情勢の変化に伴い、国防軍事に関する学問を学ぶ者が増えた。安政2年（1855）には、幕府が長崎奉行所内に「長崎海軍伝習所」を設置。オランダ語学をはじめ、航海術、造船学、砲術、測量術、さらには西洋数学や天文学、地理学などが、直接オランダ人から授けられた。こうした状況下で、長崎には学者だけでなく、江戸幕府や各藩の藩士たちが、学びのため、あるいは海外情勢に関する情報収集のために集まるようになった。

▲多くの志士が行きかったであろう長崎街道。長崎と福岡県の小倉を結ぶ脇街道ながら重要な道だった

▲海援隊の前身とされる亀山社中があった場所。現在は老朽化していた遺構が当時に近い形で復元され、長崎市亀山社中記念館として一般に公開されている

＊大坂船場にあった蘭学の私塾で大阪大学の前身。著名な門下生に福沢諭吉、大村益次郎、大鳥圭介、高峰譲吉、橋本左内らがいる

▼江戸時代の長崎の丸山遊郭を描いた図。丸山は江戸の吉原、京の島原とともに日本三大花街といわれ、開国後は志士はもちろんオランダ人や中国人たちも集い、活況を呈したという(写真：国立国会図書館)

学問に商売に勤しんだ明治維新の立役者たち

江戸時代の長崎に足跡を残した者は多い。その名を少し挙げるだけでも、平賀源内、前野良沢、司馬江漢、頼山陽、緒方洪庵、吉田松陰、福沢諭吉、勝海舟、榎本武揚、伊藤博文、高杉晋作、大隈重信、桂小五郎、坂本龍馬、岩崎彌太郎、大村益次郎、五代友厚など。いずれも日本の歴史を語るには欠かせない、そうそうたる顔ぶれである。そして、後に緒方洪庵が大坂で開いた適塾＊、吉田松陰が萩で主宰した松下村塾＊＊は、明治維新の立役者となる多くの人材を輩出した。

また、貿易商人のトーマス・グラバー(☞P82)や、茶の輸出で巨万の富を築いた大浦慶といった富豪の援助を得て、長崎を拠点にビジネスに乗り出した者もいる。坂本龍馬は土佐藩の支援を得て、貿易会社と政治組織を兼ねた海援隊を設立。海援隊は海軍でもあり、航海術や政治学、語学などを教える学校でもあった。三菱財閥を創始した岩崎彌太郎は、江戸幕府が開設した日本初の艦船修理工場「長崎鎔鉄所(現・三菱重工業長崎造船所)」の払い下げを受けて造船事業に着手。後に"東洋の海上王"と呼ばれるようになった。こうした、長崎に集まった向学心に燃える若者たちによって、日本は近代国家へと大きく歩み出すのである。

▲杉田玄白や前野良沢、平賀源内らも学んだオランダ通詞の吉雄耕牛は、日本の近代化に大きな役割を果たした一人
(写真：国立国会図書館)

▲坂本龍馬は長崎を拠点に薩長同盟に奔走したとされ、県内には多くのゆかりの地がある
(写真：国立国会図書館)

▲製茶輸出貿易で財をなした大浦慶。志士たちの信頼も厚く、家には志士たちを匿う場所もあった
(写真：国立国会図書館)

▲岩崎彌太郎は土佐藩の商務組織、土佐商会の長崎留守居役として長崎に赴任してから、めきめき頭角を現した
(写真：国立国会図書館)

＊＊松陰の叔父が萩城下に開いた私塾。松陰が引き継いで主宰した時期は約1年だが、伊藤博文、山県有朋、久坂玄瑞、高杉晋作らを輩出した

日本に先進西洋医学を伝え 日本の自然と風習と伝統を 世界に広めたシーボルト

長崎市内の眼鏡橋を彩る
長崎の市花アジサイ▲

特別扱いの外国人

ドイツの医学者の家に生まれ、ヴュルツブルク大学医学部で医学や動物学・植物学・民族学を学んだフィリップ・フランツ・フォン・シーボルト（1796 ～ 1866）。“フォン”とはドイツ語圏の貴族階級を表す称号。開業した医院をまもなく廃業。持前の好奇心に加え、貴族としてのプライドなのだろうか。町医者で終わることをよしとせず、冒険の人生を選択した。植物学に目覚めたシーボルトは、「これまであまり調査されていない地域の研究がしたい」と、オランダ領東インド陸軍外科少佐の職につく。オランダ領東インド政庁は、先進西洋医学を日本に提供し、日本研究をも進めようと考えており、シーボルトは適任とされた。文政6年（1823）7月6日、27歳のシーボルトは、出島オランダ商館付き医師兼自然調査官として長崎に赴任する。

当時、オランダ人は出島を出ることを禁じられていたが、シーボルトは例外だった。オランダ側が幕府にシーボルトの医者や学者としての才能を伝え、その知識や医術を日本のために活かすよう提案したのだ。翌年、郊外の鳴滝（なるたき）の別荘を購入し、医学の私塾兼診療所の鳴滝塾を創設。評判は出島以外にも広まり、日本各地から訪れる秀才たち＊に、彼は惜しみなく西洋医学を伝授した。それは診断治療を弟子の日本人医師たちに見せるという実践的な教え。弟子たちはむさぼるように学び、日本医学界をリードしていく。一方、各地に薬草採取に出かけ、弟子たちには日本の動植

◀シーボルトはドイツ人エンゲルベルト・ケンペル、スウェーデン人カール・ツンベルクとともに「出島の三学者」のひとり。西洋の近代医学を日本に伝え、日本の博物学に大きく貢献した

◀シーボルトの「カメラ」となり、日本滞在中、彼が目にするあらゆるものを絵にした川原慶賀が描いたシーボルト
（写真：長崎歴史文化博物館）

＊鳴滝塾の出身者には、医者で蘭学者の高野長英（ちょうえい）、日本初の理学博士の伊藤圭介、日本眼科学の父といわれる高良斎（こうりょうさい）などがいた

物や伝統風習などを貪欲に尋ねた。自身の医学技術を与え、欲しい日本の資料や情報を得る。実に効果的なギブアンドテイクだった。

深い日本愛

その頃、シーボルトはお滝と出会い、後に娘のおイネも授かった。植物園では各地で採取した様々な植物を栽培。シーボルトがこよなく愛したというアジサイ**もそのひとつ。

来日の3年後、オランダ商館長の江戸参府に絵師の川原慶賀(けいが)(☞P122)を伴い同行した。それはシーボルトにとって、日本を知る絶好の機会となり、道中、植物の採取、気温や山の標高の調査、書物の収集を精力的に行った。幕府の役人、医者や学者にも会い、この時に得た日本の情報は、オランダに送られ、後に全世界に広められることになる。

しかし、2年後に「シーボルト事件」が起こる。5年の任期を終え、帰国の途につこうというとき、暴風雨で出航が延びる間に、船中から禁制品の日本地図が発見されたのだ。地図以外の禁制品も没収され、シーボルトは出島に拘禁。厳しい取り調べを受けることとなった。協力者に罪が及ぶことを恐れた彼は一切、人名を明かさなかったが、投獄や死刑となった者が続出。シーボルトは1年の拘禁の後、国外追放に。文政12年のことである。

帰国後、シーボルトは『日本』『日本動物誌』『日本植物誌』を次々に刊行。再び日本の地を踏んだのは、30年後のことだった。63歳になっていたシーボルトは、長男を連れて来日。お滝やおイネ、かつての門弟たちとの再会を果たした。鳴滝の家を買い戻して暮らした3年間を再び日本研究や日本人の治療に費やし、帰国の4年後、この世を去った。

シーボルトが愛したアジサイは、長崎の市花となり、鳴滝塾と居宅の跡地は、「シーボルト宅跡」として国の史跡に指定された。

▶出島のシーボルト宅に植えられていたため「シーボルトノキ」と名付けられたウメモドキ科の落葉小低木。牧野富太郎が最初に発表したが、後にすでに学名が付いているものと判明

▲シーボルト作『日本』にある川原慶賀による挿絵、「彼杵村付近から大村湾を望む景」。日本到着時、「たとえようもなく素晴らしい岸辺が一行を歓迎してくれる」と入港の様子を記している(写真：福岡県立図書館デジタルライブラリ)

◀国の史跡に指定されている「シーボルト宅跡」。鳴滝塾と居宅があった場所で、明治7年(1874)の台風で大破し、20年後に解体された。2つの井戸のみ旧形をとどめる

▶シーボルト宅跡に植えられている「オタクサ」ことアジサイ。10種約400株が植えられ、毎年5月下旬から6月上旬に見頃を迎える

** シーボルトは、愛する女性「お滝さん」の名にちなみ、大好きな花アジサイに「ヒドランゲア・オタクサ」という学名をつけ、ヨーロッパに紹介した

幕末の長崎の最大貿易商トーマス・グラバーが維新を前に果たした役割

武器商人の影と光

長崎市の観光名所、長崎港を見渡す南山手の丘に立つ旧グラバー住宅(☞P104)。かつての主、トーマス・グラバーは、幕末から明治維新にかけての激動の時代に、歴史の裏舞台で大いに活躍したイギリスの貿易商である。

グラバーは1838年、イギリスのスコットランド北東部のフレーザーバラで、海軍士官を父に、8人きょうだいの5番目として誕生。ギムナジウム(中高一貫校)で学び、18歳で渡航した。東アジア最大の貿易商社ジャーディン・マセソン商会の上海支社の事務員として働くためである。3年後には、同商会の代理人として長崎に着任。安政6年(1859)、弱冠21歳のときである。当時は日本各地で尊王攘夷(そんのうじょうい)運動が盛り上がっていた。

長身で端正な容貌のグラバーは、楽天的で鷹揚な性格であり、その紳士的な態度は男女を問わず日本人も外国人も魅了したという。

文久元年(1861)には、大浦にグラバー商会を設立して日本茶や生糸などを輸出。ビジネスが飛躍的に発展したのは、翌年、幕府が海防力強化として各藩に外国艦船の購入を許可してから。グラバーは欧米の貿易商人と競合しながら、薩摩、佐賀、土佐、熊本など西南雄藩、そして幕府側にも艦船や武器弾薬を売って巨利を収め、やがて長崎最大の貿易商

▶晩年、トーマス・グラバーは雑誌のインタビューで「私は世間から金儲主義と思われていたかもしれないが、単にそれだけではなかった」と語っている

▶明治33年頃、グラバー邸の前庭にて孫を抱くトーマス・グラバー(前列右)とその家族。前列左端はイギリスから移り住んだグラバーの妹マーサ

となった。

「世話好き」だったグラバーは、イギリスへの留学生派遣の仲介を行い、文久3年に伊藤博文や井上馨たち長州藩士5名、慶応元年(1865)には五代友厚や森有礼など薩摩藩士15名の密航留を支援した。

薩英提携にも重要な役割を果たし、慶応元年には、坂本龍馬率いる亀山社中の仲介で、薩摩藩名義で長州藩に武器を売却したとされる。なお同じ年、幕府とも武器取引を行っている。

グラバー商会の最盛期は慶応2年だが、文久4年から慶応4年の5年間に、売却した艦船は24隻に及ぶ。また貿易取引だけでなく、佐賀藩に委託された高島炭鉱の経営や、長崎造船場(のちの三菱造船所)の前身である小菅修船所(☞P105、日本初の洋式ドック)も薩摩藩と建設している。

倒産後も生涯を日本で送る

かくも隆盛を誇ったグラバー商会が倒産し

▲松下村塾に学んだ伊藤博文(1841 ～ 1909)は、三度の渡欧経験を活かし、明治18年に内閣制度を創設。初代内閣総理大臣となり、計四度総理大臣に。中国で暗殺された
(写真：国立国会図書館)

▲開国と富国強兵を主張していた薩摩藩士・五代友厚(1836 ～ 1885)は28歳のとき、25歳のグラバーと懇意になった。維新後は外国官権判事を経て、大阪商法会議所の初代会頭に
(写真：国立国会図書館)

▼旧グラバー住宅が、長崎市の南山手に、接客所兼住居として建築されたのは文久3年。その後、増築を繰り返した。現存する木造洋風住宅では日本最古。「明治日本の産業革命遺産 製鉄・製鋼、造船、石炭産業」の構成資産として世界遺産に登録。国指定重要文化財

◀旧グラバー住宅は、2021年に3年がかりの大規模改修を終了。史実に基づき、インテリアなども往時の様子に近づけている。写真は応接室(写真：長崎観光連盟)

たのは、明治3年(1870)。大規模な内戦を見込んだグラバーは、艦船や武器弾薬を大量に仕入れたが、薩長を中心とする新政府は、徳川家を戦わずして降ろし、東北諸藩を数カ月で降伏させた。このため一気に経営が傾いた。

倒産後のグラバーは、高島炭坑の経営に乗り出した岩崎彌太郎*から輸出の采配を任され、明治14年からは三菱本社の渉外顧問となる。明治30年に日本人妻・ツルと共に東京に転居。

明治41年には、外国人としては異例の勲二等旭日章を受章。伊藤と井上の叙勲申請の草案には、「グラバが薩長二藩のために尽くしたる所は、即ち王政復古の大事業に向かって貢献したるものなり。(中略)営利の範囲を脱して誠意と熱心とをもって事に当たらざるを得ず」とある。叙勲から3年後、グラバーは東京の自宅で病死。73歳だった。

*岩崎彌太郎(1835 ～ 1885)は、32歳で土佐藩開成館長崎商会の主任になり、輸出入の交渉を担当。明治3年、大阪に三菱の創業となる九十九商会を設立した

孫文を支援し続けた長崎出身の実業家 梅屋庄吉

唐人屋敷跡の福建会館に立つ、上海市寄贈の孫文像▲
（写真：©NAGASAKI CITY）

孫文との運命的な出会い

明治44年（1911）、中国で清王朝に対する反対派が辛亥革命を起こして中華民国が樹立され、アジア初の共和制国家が誕生した。革命の中心人物で、中華民国の臨時大総統となったのは孫文。この孫文を支援した日本人として知られる長崎人が、梅屋庄吉だ。

生後間もなく裕福な梅屋商店の養子となった庄吉は、店の金を持ち出して貧しい人々に配り回るほど、義侠心に厚い子どもだった。14歳の時には、商店の持ち船に忍び込んで単身上海に渡るといった行動力も持っていた。その上海で庄吉が見たのは、欧米人に虐げられている中国人の姿。アジアの平和や人類平等を願う思いが、この時生まれた。

その後、長崎に戻った庄吉は精米業や鉱山経営で財をなすが、米穀相場で失敗。中国や東南アジアを転々とする間に写真技術を身につけ、香港で写真館を営み始めた。そして明治28年（1895）、顧客だったイギリス人医師の紹介で、孫文と知り合うのである。庄吉は、革命を起こして清朝を倒さねば中国は西洋列

◀明治元年生まれの庄吉は、先見の明と、バイタリティ溢れる行動力で実業家としての地位を築き、見返りを一切求めず革命を支援し続けた
（写真：国立国会図書館）

◀民族の独立、民権の伸張、民生の安定の三原則に基づく「三民主義」を唱えて共和制を創始した孫文は、「中国革命の先覚者」「国父」などと称される

▲孫文はその生涯で長崎に9度訪れた。唐人屋敷跡の福建会館では、在長崎華僑の人々や留学生たちと盛大な午餐会が開かれたという

▼長崎市旧香港上海銀行長崎支店記念館には、「長崎近代交流史と孫文・梅屋庄吉ミュージアム」が併設され、庄吉と孫文の交友を伝える（写真：©NAGASAKI CITY）

強に分割されると考える孫文と意気投合。「君は兵を挙げたまえ、私は財を挙げて支援する」と申し出た。庄吉27歳、孫文29歳。二人の友情の始まりだった。

物心両面にわたる支援

庄吉は孫文のために武器購入などに尽力したが、孫文は武装蜂起の企てが清朝政府に知られ、日本へ亡命した。庄吉も、写真館が反乱軍の拠点となっていると当局に密告され、香港を脱出。シンガポールに移り、映画ビジネスに乗り出した。すると、これが大成功。莫大な富を築いて帰国した。その後、東京で映画会社のMパテー商会を設立。ちなみに、後にこの会社を含む4つの映画会社が合併して誕生したのが「日活」である。

革命軍は幾度も蜂起を重ね、明治44年に辛亥革命を成し遂げた。しかし、中華民国は軍閥の割拠状態にあり、孫文はなかなか主導権を握れず、一時は追われて日本に亡命。この間、庄吉は映画事業で得た金を惜しみなく革命活動に注ぎ込んで孫文を後押しし、さらに自宅でかくまうなど、金銭的にも精神的にも支え続けた。しかし、孫文は大正14年(1925)に志半ばで死去。庄吉はその偉大さ

◀明治37年竣工の長崎市旧香港上海銀行長崎支店記念館は、国の重要文化財（写真：©NAGASAKI CITY）

を後世に伝えるため、残りの財産をなげうって孫文の銅像を4体造り、中国に寄贈した。

庄吉の革命への支援額は、現在の金額で1兆円を超えるといわれている。しかし庄吉は、自分の支援は孫文との「盟約」によるため口外するなと言い残し、昭和9年(1934)に没した。このため、彼の名前や行いは、長く知られることはなかった。

辛亥革命90周年を迎えた2001年、日中友好の証として、上海市から孫文像が長崎県へ贈られた。2011年、長崎県はその返礼として、庄吉像を上海市に寄贈。紹興公園に据えられた庄吉像の除幕式は、上海市の主催で盛大に営まれた。同年には中国政府も、庄吉が造った4体の孫文像の返礼に、長崎市に孫文と庄吉夫妻の銅像を、庄吉の妻トクの故郷である壱岐市にトクの胸像を寄贈した。こうして、中国革命の志士・孫文を支えた庄吉は、現在でも日中友好の懸け橋であり続けている。

▲2011年に中国から寄贈された庄吉夫妻と孫文の像は、長崎港松が枝国際ターミナル第2ビル前の広場に立つ

河合敦の歴史コラム②

実業学校「玉木女学校」を創設した先覚者・玉木リツ

長崎県長崎市にある玉木学園は、長崎医療技術専門学校、長崎玉成高等学校・同附属中学部を抱える学校法人である。130年以上前、明治25年(1892)に創立された「長崎女子裁縫学校」を嚆矢(こうし)としている。学校の創設者は、玉木リツという女性であった。当時、私立の女学校は非常に数が少なく、しかも日本人女性が開設するケースは皆無に近かった。あの津田梅子でさえ、津田塾(女子英学塾)を創立したのは明治33年のことであった。

玉木リツは、どうして長崎の地に女学校をつくろうと思い立ったのだろうか。

リツは、安政2年(1855)、長崎市築町に生まれた。もともと玉木家の初代・七兵衛は、肥前の鍋島善左衛門に仕えて留守居役をしていたが、訳あって元和年間に妻子を連れて長崎に移住。筆者と呼ばれる、唐船の輸出入品の品目や数量、価格などを記録する事務職に就いた。以後、筆者が玉木家の代々の家業となった。リツの実父・鶴亭は、七兵衛から数えて7代目にあたる。

鶴亭は妻との間に3男6女をもうけたが、リツは末っ子だった。リツは幼少期に母と死別し、そのため父の鶴亭の手で育てられたが、遊びや怠けをいましめる厳格な父だったという。いっぽうで鶴亭は、教養人であり多趣味だった。医学にも精通しており、家族が病気になると自ら診察して調剤し、他人に請われると喜んで薬をつくってやったという。

鶴亭は酒は飲まず囲碁もしなかったが、浄瑠璃、茶事、花道をたしなみ、工作彫刻にも熱中した。仏壇や茶器、印章、日用品、慶弔の道具などもすべて自分で作成したというから驚きだ。明治維新で筆者の仕事は消滅したが、少年時代から人物風景画を得意としていたので、画家として身を立てようとした。しかし、長男の玄一郎が難病となったこともあり、その夢を断念せざるを得ず、明治7年に長崎師範学校の予科教師となり、明治9年、長崎師範学校五等訓導(教員)に任じられた。しかし明治11年に長崎師範学校が廃校となってしまい、これを期に鶴亭も高齢を理由に退職し、翌明治12年に死去した。

リツは裏千家の茶道を若杉英清に、逸翁流生花を松尾陽四郎に習い、茶花の奥旨を得ている。幕末維新の混乱で娘に売春をさせる元同僚もいたが、鶴亭は生活が苦しくても子どもたちの教育に力を注ぎ、節操を保たせたのである。リツはこれに大変感謝した。

明治17年、リツは長崎学区公立上等長崎女児小学校の教員となったが、明治21年に上京した。長男の宿痾(しゅくあ)のために画家の夢を断念した亡き父・鶴亭に代わり、自分が裁縫や手芸の道で家名を上げ、ゆくゆくは裁縫の実業学校をつくろうと決意したのである。

リツは幼い頃から裁縫の得意な姉・ユキからその技術を伝授されており、「学問の分野では歯が立たないかもしれないが、手芸なら誰にも負けない」と思ったようだ。

こうして東京に出てきたリツは、東京男女洋服専門学校に入り、そのいっぽうで小鷹留峰子のもとで洋裁術や編み物を習った。上京時にはわずか50円しか所持しておらず、姉婿の屋敷に寄宿していたが、やがて編み物の家庭教師をしながら学資を稼いで経済的に独立した。卒業後は澤田健吉の洋服職工場で技を磨き、影山卯太郎に縫箔を学び、渡邉辰五郎の和洋裁縫伝習所でさらに技術を磨いた。

明治23年、第3回内国勧業博覧会が東京で開かれた。このときリツは、富士山全体を毛糸で編みだした巨大なテーブル掛けを出品。これが人びとの目を引き、審査総長をつとめる九鬼隆一は、数百点の出品のなかでリツの作品を第一等としたのである。

これで自信を深めたリツは、翌明治24年に全国小学校裁縫教員免状を取得すると、翌明治25年に長崎に戻った。もちろん女性のための裁縫学校をつくるためだった。人びとに公言していたのだろう、帰郷する前に長崎新報(長崎の新聞)に、「東京で裁縫修業をしていた玉木リツが、近く帰郷して学校をつくる計画である」という記事が出た。

長崎市役所では、尋常小学校卒業後、女子が学ぶことができる教育施設がないことを憂えていたこともあり、新聞の紙面でリツの学校設立計画を知った学務課の渋江種雄らは、帰郷したリツのもとを訪ねて協力を申し出たという。こうして同年6月にはスムースに長崎県知事の学校設立許可も下り、磨屋町に屋敷を借りて私立長崎女子裁縫学校が設立されたのである。校名は池原枳園(長崎出身の有名な書家)が名付け、学校の表札も池原が書いた。

この学校には、本科、速成科、専修科の3科が置かれ、各科では和服と洋服の裁縫理論と実施を主とし、そのかたわらで作法、編み物、習字などを教授した。長崎には裁縫学校がなかったので、生徒が殺到してすぐに校舎が手狭になった。

創立から2年後に日清戦争がはじまると、学校では軍用品として職員と生徒がつくった白木綿襦袢100枚を寄贈。明治30年に長崎県知事の小松原英太郎から褒状を与えられた。

明治32年に校舎を麹屋町に移転したが、5年後の日露戦争でも生徒たちは毛糸襟巻き150枚、猿股150着、さらに20円を寄贈。またも長崎県知事荒川義太郎から賞状と木杯を授与された。

明治39年に校名を私立玉木女学校と改めた。学校はその後も年々発展していき、大正10年、長崎市は玉木女学校の多大な貢献に対し、大正11年度に400円を補助することに決めている。

このように玉木女学校は地元の学校として定着し、その功績が認められていった。リツは生涯独身を通して晩年まで教育に専心した。77歳のときにはなんと、裁縫の教科書まで執筆しているのだ。ただ、教科書の現物は玉木学園にも保管されていなかったが、2023年、リツが著した『裁縫教科書(全3巻)』の本物が民家から発見され、玉木学園に寄贈されたのだった。

昭和19年(1944)、自分がつくった玉木女学校の発展を見届けたリツは、90歳で大往生をとげた。

▶玉木リツ肖像(写真：玉木学園)

明治時代の到来！長崎県の誕生と近代的なインフラ整備

1万人以上が蜂起したともいわれる佐賀の乱▲

佐賀も長崎県だった

現在の長崎県は、かつて幕府直轄地の天領のほか、佐賀（一部）、大村、島原、平戸、福江、対馬の諸藩に分かれていた。明治元年（1868）5月になると天領が長崎府となり、翌年には長崎県に改称。明治4年には廃藩置県が行われて各藩の領地がそれぞれ県となり、さらに厳原（いづはら）県（旧・対馬藩）以外の大村県、島原県、平戸県、福江県が統合して長崎県が成立した。このとき、厳原県は佐賀県と合併して伊万里県となったが、明治5年に長崎県に編入された。

明治7年、佐賀県（明治5年に伊万里県から改称）において、不平士族による「佐賀の乱」が勃発した。乱を率いたのは、明治新政府成立後に司法制度の整備や民法制定に尽力した江藤新平と、札幌開拓の父と呼ばれた島義勇（しまよしたけ）の二人の佐賀県下の士族であった。江藤らは佐賀城を占拠したが、大久保利通率いる近代的な装備の政府軍に苦戦し、約1カ月で敗北。江藤と島は処刑された。

佐賀の乱以降も佐賀県では旧士族に不穏な動きがあったことから、旧士族と県庁との結

長崎県の沿革

明治4年7月

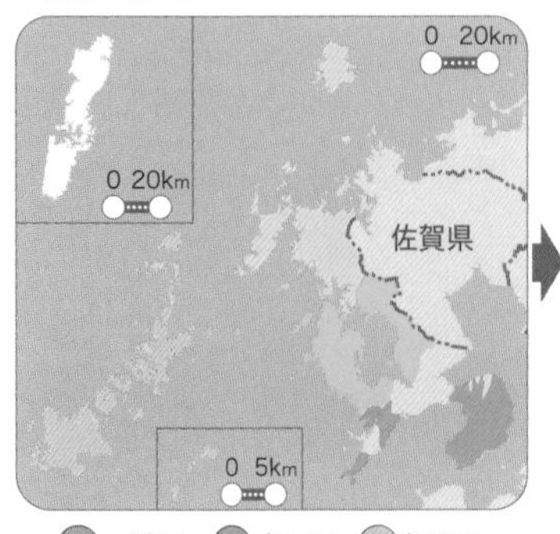

▲廃藩置県によって現在の長崎県域には、佐賀県の一部を含む7県が成立

明治4年11月

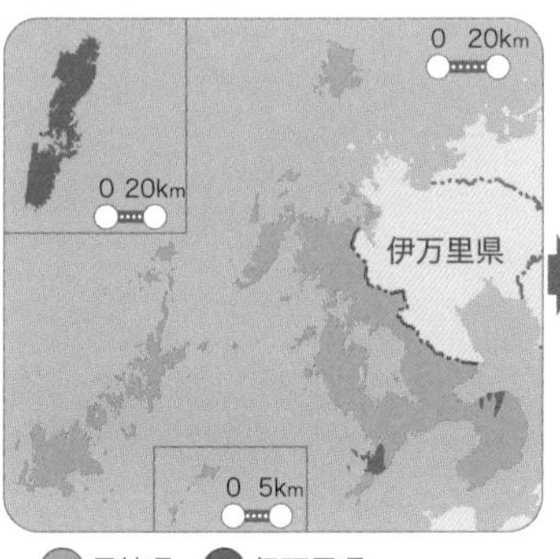

▲長崎県と伊万里県の二県時代。長崎半島などに伊万里県の飛び地があった

明治9年8月

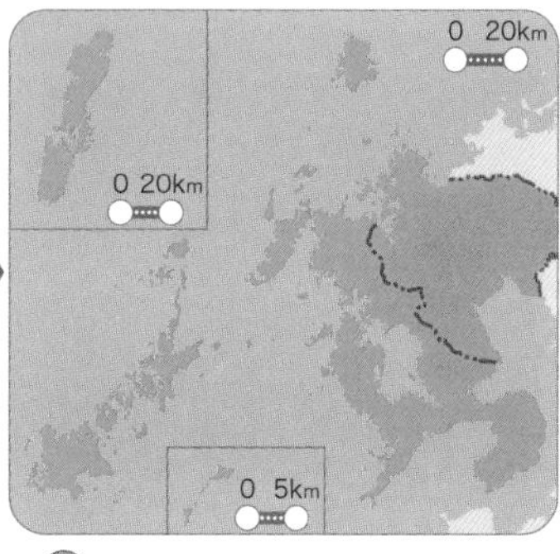

▲肥前、壱岐、対馬の旧3国を包括する巨大な県となった

びつきを遮断するため、明治9年4月に佐賀県を廃止し、三潴県(現在の福岡県筑後地方)に合併した。8月には三潴県も廃止されて、筑後地方は福岡県に、旧佐賀県全域が長崎県に移された。こうして長崎県は誕生以来最大の県域を得たが、明治15年に佐賀県復活を望む運動が起こり、翌年に佐賀県が分離。現在の長崎県域となったのだ。

長崎に残る近代化の産物

幕末から明治前期にかけて、長崎では全国に先駆けて近代化に向けた動きが多く見られた。また、製鉄業や造船業などの近代化にあわせて、それを支えるためのインフラ整備もまた県内各地で進められていった。

明治15年から明治26年にかけて行われた第1次長崎港改良工事は、野蒜港(宮城県)、坂井港(福井県)に次ぐ、明治政府による港湾工事であった。これは幕末から明治初期にかけての動乱の時代に港の維持管理が疎かになったため、土砂の堆積が進行し、外国船が港に接近できなくなったために行われた。中島川の変流工事を主とした、この工事によって整備された護岸は一部が現存しており、近代化を目指した足跡として保全されている。

◀現在の出島付近の中島川。護岸の下部に明治時代の石積が残り、上部は昭和時代の石積となっている

▲原爆の爆風にも耐えて残った出島橋。地元の人からは「鉄の橋」と呼ばれて親しまれている

変流工事の際に河口付近に架設された鉄製の新川口橋は、明治43年に移設されて「出島橋」と改称。現存する日本最古の鉄橋として現在も利用されている。

明治24年に完成した本河内高部ダムは、日本最古の水道専用ダムである。長崎では、明治初期から外国船によってもちこまれたコレラをはじめとする伝染病が広まり、居留地の外国人から上下水道の整備に対する要望が強まった。知事は、多額の費用と2年の歳月をかけてダムを完成させて、長崎に横浜(明治20年)、函館(明治22年)に次いで全国3番目となる水道施設が創設された。ダム式の取水方式は全国初であり、その歴史的価値が認められて、2017年に国の重要文化財に指定されている。

明治時代の長崎の発展

年	おもなできごと
明治元年	小菅修船場完成(世界遺産)
明治4年	長崎～上海に海底電信線敷設
明治6年	長崎～横浜～東京の電信回線完成
明治12年	勧業博覧会開催
明治15年	日見新道開通(日本初の有料道路)
明治22年	佐世保鎮守府が開庁
明治26年	長崎測候所の天気予報開始 長崎市に電灯が灯る
明治30年	九州鉄道、長崎～長与が開通
明治31年	九州鉄道佐世保支線が開通
明治32年	長崎市内の電話開通(九州初)
明治33年	対馬に万関瀬戸が開削される
明治39年	門司～長崎に急行列車が運行(所要7時間30分)
明治42年	ジャイアント・カンチレバークレーン設置(世界遺産)
明治44年	島原鉄道、営業開始

1945年8月9日 長崎へ投下された原子爆弾の被害

11時2分で止まった、長崎原爆資料館の被爆時計▲
（写真：長崎県観光連盟、©NAGASAKI CITY）

7万人以上が亡くなった

第二次世界大戦末期の昭和20年（1945）、7月に原子爆弾（原爆）の実験に成功したアメリカ合衆国は、8月6日に広島に原爆を投下。そして8月9日には福岡県小倉市（現・北九州市）を第一目標にして爆撃機B29（機体名ボックスカー）を出撃させた。ボックスカーは小倉上空に到達するも視界不良のため投下を諦め、第2目標であった長崎に向かった。

▲原爆によって生じた原子雲（きのこ雲）。爆発から約30秒で3000mの高さまで上昇。その後、約1万5000mの高さにまで達した（写真：米国国立公文書館）

長崎測候所（現・長崎地方気象台）の記録によると、8月9日の長崎は快晴だった。ボックスカーは高射砲の射撃が届かない高度約9600mから原爆「ファットマン」を投下。午前11時2分、長崎の中心部から約3km北に位置する松山町の上空約500mでファットマンは爆発した。

広島に投下された原爆「リトルボーイ」は、核分裂物質にウランが用いられ、火薬を使った爆弾1万6000t相当の爆発力だった。それに対してファットマンは、プルトニウムを用い、爆発力は火薬を使った爆弾2万1000t相当。より威力が高く、放射能も高い原爆であった。

▲原爆により見渡す限り焼け野原となった長崎。中央の山王神社の一の鳥居は、戦後、交通事故により倒壊した
（写真：米国国立公文書館）

◀原子爆弾ファットマン。長さ3.25m、直径1.52m、重さは4.5tある
(写真：米国国立公文書館)

ファットマンの爆発と同時に超高温の火球が発生し、そこから発射された3000～4000℃の熱線が周囲を焼き尽くした。また、爆発によって急激な気圧変化が生じて、秒速数百mという衝撃波が広がり、建造物を跡形もなく破壊。爆心地から1km以内にいた人はほとんどが即死。2km以内の人は一部が即死、大部分が重軽傷を負った。さらに、熱線と爆風は火災を引き起こし、被害を増大させた。生き残った人も大量の放射線を浴びて、白血病や癌などの「原爆症」で次々と亡くなっていった。

戦後の長崎では、「平和は長崎から」を合言葉に、復興を最優先にしたまちづくりが進められた。広島の「原爆ドーム」のような象徴的な建造物はないが、当時の様子を今に伝える「被爆遺構」が残り、原爆資料館などで原爆投下の経過や惨状を学ぶことができる。

原爆の被害状況

(当時の長崎市の人口は約24万人)

死者	7万3884人	
重軽傷者	7万4909人	
罹災人員	12万820人	(半径4km以内の全焼全壊家屋の世帯員数)
罹災戸数	1万8409戸	(半径4km以内の全戸数。市内総戸数の約36%)
全焼	1万1574戸	(半径4km以内。市内の約3分の1)
全壊	1326戸	(半径1km以内を全壊と見なした)
半壊	5509戸	(全焼全壊を除く半径4km以内を半壊と見なした)

出典：長崎市原爆資料保存委員会の昭和25年発表より

長崎市に残る被爆遺構

◀平和公園祈りのゾーン(通称「爆心地公園」)に建てられた、黒御影石でできた「原子爆弾落下中心地碑」
(写真：長崎県観光連盟、©NAGASAKI CITY)

◀爆心地公園では、原爆で破壊された屋根瓦やレンガ、焼け溶けたガラスなどが埋没している地層が見られる
(写真：長崎県観光連盟、©NAGASAKI CITY)

◀爆心地から約500mの距離にあり、ほぼ全壊した浦上天主堂の堂壁が爆心地公園に移築されている

◀最も爆心地に近い学校だった、城山国民学校の被爆校舎。「城山小学校平和祈念館」として公開されている
(写真：長崎県観光連盟、©NAGASAKI CITY)

◀山王神社の参道にあった4つの鳥居のうち、二の鳥居の片側の柱だけが現存している

総面積は全国の約1%、島数は全国1位の1479、海岸線総延長は2位の長崎県

満潮時に島となる壱岐の小島神社▼

2023年の再調査で島数が判明

これまで知られていた日本の島の数は、昭和62年(1987)に海上保安庁が公表したもので、総島数が6852、長崎県は971だった。しかし、2023年2月、36年ぶりに最新の数が発表された。それによると日本の島数は、1万4125と倍増し、長崎県の島数は前回調査より508増えて1479と全国1位をキープ。

長崎県の地形

▲島嶼部、半島が多く、複雑に入り組んだ海岸線の長さが際立っている(出典:国土地理院デジタル標高地形図/長崎県)

航空写真の画質が精密になるなど測量技術の進歩によって、より正確に地形を把握することができるようになったためだ。計算の条件は以前と変わらず、島の定義は海洋法に関する国際連合条約に定められている「自然に形成された陸地で、水に囲まれ、満潮時でも水面の上にある陸地であること」に加え、日本の国土地理院が提唱する「湖沼内の島を除き、周囲が100m以上の陸地」に基づいている。

写真画質が精密になったことで、たとえば神奈川県の江の島は2島と考えられてきたが、新たに5島が加わり7島に。このように面積や領海の広さは変わらないものの、島の輪郭が鮮明になった結果、大幅な変更となった。

一方、長崎県の面積は、4130.99㎢と全国37位。その割合は全国の約1%だが、2021年の国土交通省の調べによると、日本の海岸線の総延長約3万5293kmのうち、長崎県は約12%にあたる約4166kmを有し、北海道に次ぎ全国2位を誇る。北海道のうち北方領土(約1348㎞)を除くと、長崎県が1位に躍り出る。

その理由は、島原半島や長崎半島、西彼杵(にしそのぎ)半島や北松浦半島などの半島が多く、海面変動(☞P27)などでつくられた岬や湾、複雑な

▼対馬の浅茅湾周辺の海岸模様。108もある対馬の島嶼部が、長い海岸線の理由のひとつになっている

入り江、五島列島や対馬、壱岐など、多数の島嶼部の海岸線も長いことが影響している。

対馬と壱岐の立ち位置

長崎県の海岸線の約22％を占めているのが対馬だ。対馬本島を含め島嶼部は108に及び、総面積約707㎢は、佐渡島、奄美大島に次いで離島中全国3位の広さ。壱岐の総面積は139.42㎢で、全国20位。対馬へは空路では福岡空港からのほうが便数が多い上、両島とも福岡県博多港や佐賀県唐津東港から船は出ているが、長崎県からの運航はない。地理的にも福岡・佐賀両県に近いが、長崎県に属するのはなぜ？

◀展海峰から見た佐世保港。県内には82の港湾が点在し、その数は全国の8.2％に及ぶ。13市8町の中で海岸線を持たないのは1町のみ

明治4年（1871）に廃藩置県が行われ、紆余曲折ありながらも、対馬と壱岐は長崎県に属することになった。しかし、県庁所在地に行くために2県を越えなければならないなど、地理的事情から、明治41年には対馬と壱岐で、昭和21年（1946）には対馬で福岡への転県運動が勃発。当時の対馬の議会では満場一致で可決されたが、長崎県議会で否決、転県話は終息した。しかし、2017年にも対馬市議会で再び議題に。立ち消えになったものの、廃藩置県前の江戸時代の藩の歴史を尊重するか地理的利便性を重視するか、議論再燃の余地は未だ残されている。

全国の島数トップ10

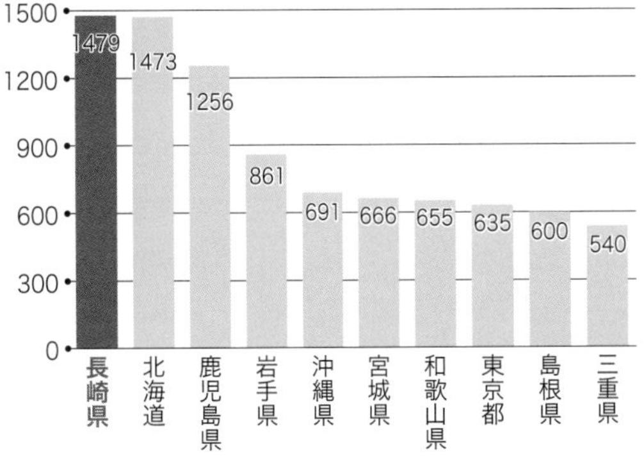

▲長崎県と北海道が突出している。36年前の調査でも長崎県は1位だったが、当時2位だった鹿児島が3位に転落、3位だった北海道が2位に浮上した

（出典：国土地理院　我が国の島の数一覧 2023年2月28日発表）

全国の海岸線トップ10

※総延長は1km以下を四捨五入した数字

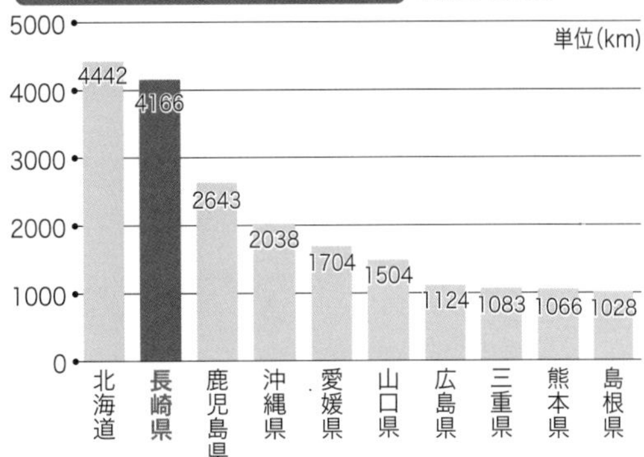

▲北海道の海岸線総延長から北方領土分を差し引くと3094kmとなり、長崎県が1位となる。長大な海岸線は、風光明媚な自然景観や全国有数の港湾県を生み出した

（出典：国土交通省「海岸統計」2021年版）

古くから繰り返してきた諫早湾の干拓と国営干拓事業の問題点

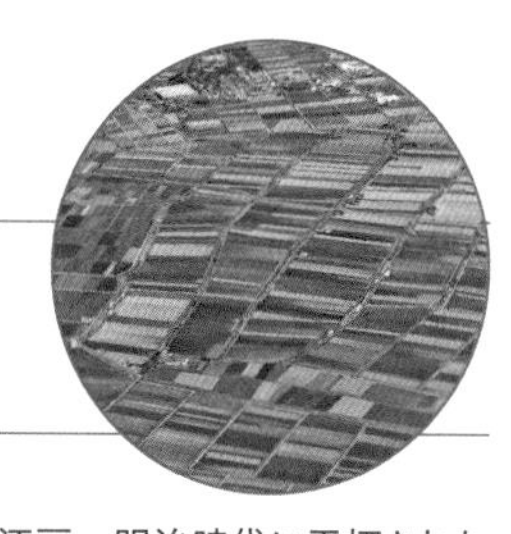
江戸～明治時代に干拓された諫早平野の水田地帯▲

干拓の歴史

有明海は約1700k㎡の広大かつ遠浅な海。干満差は日本一で、干潮時には海岸線から5～7kmの沖合まで干潟となって露出する。この有明海の中央部西側に位置しているのが諫早湾である。有明海には、阿蘇九重山系の火山灰質の砂や泥などを含んだ筑後川などの河川が流れ込み、諫早湾などの流れが遅くなったところに砂や泥が溜まっていく。この砂や泥は「ガタ土」と呼ばれ、ガタ土を囲むように堤防を築いて干拓が行われてきた。その歴史は古く、鎌倉時代末期の1330年頃から始まったという。諫早湾沿岸は、山岳や丘陵地で平野が少なく、水田の拡大を目指して干拓は続けられた。600年以上に及ぶ干拓の結果、現在までに約35k㎡の干拓地が整備され、県内最大の穀倉地帯である諫早平野へと変貌した。

広大な干拓地を得た諫早だが、諫早平野は海水面より低い土地であったため、満潮時に大雨が降ると有明海へと排水ができなくなり、集中豪雨や台風に遭うとたびたび街中は浸水し、農作物も損害を受けていた。

有明海の潮の流れ

▲有明海には、中央から奥に向かって反時計回りの潮流があり、砂や泥を諫早湾に運んでくる。多いところで年間5cmも堆積して干潟が成長した

国営諫早湾干拓事業

昭和27年（1952）、平地に乏しい長崎県の食糧自給促進を図るため、当時の県知事が諫早湾を閉め切って約110k㎡の干拓地をつくる「長崎大干拓構想」を発案した。その後、国と県は調整を進めて、昭和61年に農地の造

▲昭和32年（1957）、大雨により本明川が氾濫した諫早大水害では死者･行方不明者が630人に上った（写真：諫早市）

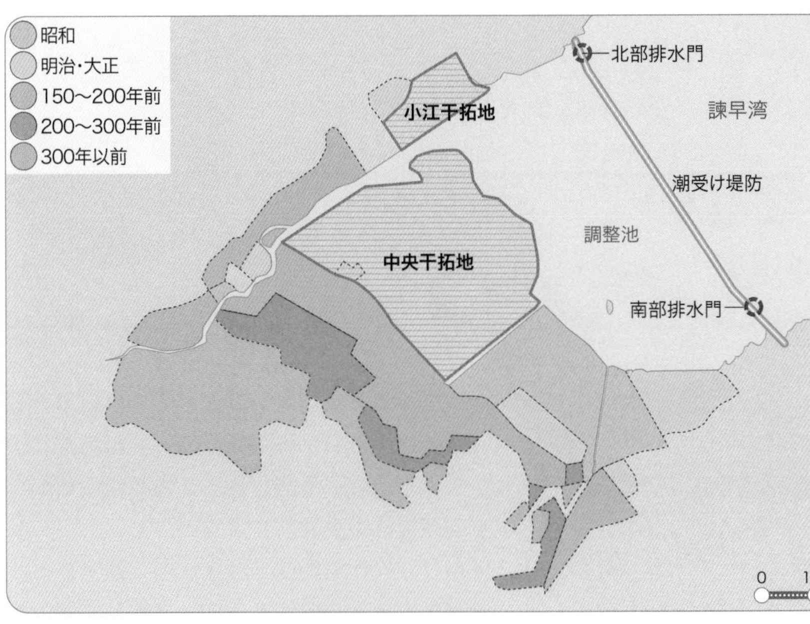

諫早湾干拓の変遷

◀干拓は埋め立てとは異なり、海を堤防で閉め切ってから海水を排出するなどして陸地にする。江戸時代には山崎教清、松本四郎左衛門、陣野甚右衛門らが干拓に尽力した

（「諫早湾干拓事業の概要」九州農政局発行を元に作成）

成と周辺地域の水害防止を目的とした「国営諫早湾干拓事業」に着手。長崎大干拓構想に比べて規模は約3分の1に縮小され、干陸面積約9.4㎢と調整池約26㎢の整備を目指し、諫早湾奥に全長約7kmに及ぶ潮受け堤防が建設された。平成9年（1997）に水門が閉じられ、総事業費2530億円をかけた一大事業は2008年に完了。41経営体による干拓地での営農が開始された。

潮受け堤防の水門が閉鎖された後、有明海では二枚貝のタイラギが大量死したり、養殖ノリが変色したり、魚の漁獲量が減少したりと甚大な漁業被害が生じた。漁業者の一部は、原因が諫早湾を潮受け堤防で閉め切ったせいだと考え、開門して調査することを要求。国は2002年に約1カ月開門して環境調査を実施して、因果関係がないと判断した。そして、干拓農地に海水が流入して農業に影響がでるとして、以降、開門調査を行わないという方針をとっている。国や県、漁業者、営農者などの利害が絡み合い、2023年10月現在も開門をめぐる法廷闘争が続いている。

▲潮受け堤防の排水門。堤防の北部と南部にそれぞれ水門がある

▲潮受け堤防上につくられた諫早湾干拓堤防道路。道路左側が有明海、右側が調整池

離島の多い長崎県には橋は欠かせない長崎の橋コレクション

ランタンに彩られた長崎市の眼鏡橋▲

日本初の橋が目白押し

江戸時代に海外との玄関口であった長崎市には、橋にも海外の影響が見られる。「眼鏡橋」は、中国から来日した僧によって架けられた、日本初（琉球王国にあった橋を除く）の石造アーチ橋。慶応4年（1868）に架けられた初代「鉄橋（くろがね）」は、ドイツ人によって設計された日本最初の鉄橋といわれている。

また、半島や離島の多い長崎県では、長大な渡海橋が欠かせない存在となっている。その原点となったのが、昭和30年（1955）に竣工した日本初の海峡横断橋「西海橋（さいかい）」である。橋長316m、橋の支間*216mは、当時国内最長のアーチ橋で「東洋一のアーチ橋」と呼ばれた。

西海橋が架けられたのは、西彼杵（にしそのぎ）半島北部と佐世保市針尾（はりお）島の間に位置する、日本三大急潮の一つ「伊ノ浦（針尾）瀬戸」だった。橋ができる前は、危険を冒して船で渡るしかなく、西彼杵半島北部は「陸の孤島」といわれており、橋の実現は半島住民の悲願であった。

橋を設計したのは、大学を卒業したばかりの吉田巌（いわお）という技術者。吉田は、東京大学で「針尾瀬戸に架けるアーチ橋の応力計算」という卒業論文を書き上げていた。それに目を付けた旧建設省は、吉田を説得して入省させると、ただちに西海橋の建設現場に送り込んだ。戦後の物資不足の時代、吉田は鋼材を節約しながらも十分な強度をもった設計を実現させ、住民の夢を叶えたのだった。

西海橋は、その優れた技術と歴史的な価値が認められて、戦後に建設された橋梁としては初めて国の重要文化財に指定されている。

◀渦潮ができる伊ノ浦瀬戸に架かる西海橋。奥に見えるのは2006年に開通した新西海橋

▼新西海橋は、西海パールライン有料道路の一部になっている

＊支間とは、橋の下部構造にあたる橋脚や橋台に付けられた支承という部品間の距離のこと

眼鏡橋（長崎市）

寛永11年（1634）、興福寺の住職である黙子如定によって中島川に架けられた石造二連アーチ橋。日本橋（東京都）、錦帯橋（山口県）と並び日本三名橋の一つに数えられる。国の重要文化財。

幸橋（平戸市）

平戸藩主、松浦棟によって元禄15年（1702）に架けられた。平戸のオランダ商館建造に関わった大工が、その技術を地元の石工に伝授して築かれたことからオランダ橋とも呼ばれている。国の重要文化財。

女神大橋（長崎市）

長崎港によって分断されている長崎市の南部と西部を最短で結ぶために建設され、2005年に開通した。夜間にはライトアップされ、「世界新三大夜景」の一つである長崎の夜景にとっても欠かせない存在となっている。

玉之浦大橋（五島市）

平成6年（1994）に開通した、福江島の五島市玉之浦町小浦地区と島山島を結ぶ橋。全長は170mで、漁船が航行できるようにアーチ状になっている。島山島に住むのは10世帯ほどだが、住民にとっては夢の実現であった。

眼鏡橋（諫早市）

天保10年（1839）に本明川に架けられた石造りのアーチ橋。橋の長さは49.25mで長崎市の眼鏡橋の約2倍あり、石橋としては日本で最初に国の重要文化財に指定された。現在は、諫早公園内の池に移設されている。

万関橋（対馬市）

明治33年（1900）に旧日本海軍が、万関瀬戸と呼ばれる運河を開削して、そこに架けた橋。対馬北部の上島と南部の下島をつなぐ交通の大動脈となっている。現在の橋は3代目で、平成8年に架け替えられた。

出島以前の貿易港 日本と西洋の文化が 混ざり合った平戸

街を見渡す高台に位置する平戸城▲

「西の都」として繁栄

平戸市は、長崎県の北西端に位置し、九州本土のほかに平戸島、生月島(いきつきしま)、的山大島(あづちおおしま)、度島(たくしま)、高島の有人島と多数の無人島で構成されている。九州本土と平戸島は平戸大橋によって結ばれており、平戸島は本土から陸上交通で移動できる日本最西端の地である。平戸市の面積は約235㎢で、そのうちの約163㎢（日本で20番目の広さ）が平戸島。市域の約20％が西海国立公園（☞P14）に指定されている。

平戸の地勢

▲長崎県北西部に位置する平戸市。海洋性の気候で冬は温暖で夏も気温が上がりにくく、雨が多い。入り組んだ海岸線のため湾が多く、漁港は33カ所もある

平戸市には旧石器時代の遺跡や、大和政権とのつながりを示す前方後円墳が残っており、古くから人の営みがあったことがわかっている。また、古代から海外との交流があり、古くは遣隋使、遣唐使（☞P54）の寄港地であった。平安時代には、本土と平戸島の間の海峡が「ひらのと」といわれており、これが平戸島の名の由来とする説がある。

16世紀中頃になると、日本の銀を求めて明の倭寇*が多く訪れるようになっていた。彼らは明の生糸を日本へ、日本の銀を明へ運んでいたが、明の弾圧によって大陸側に拠点を設けることができず、平戸港をその拠点としていた。当時、平戸を治めていた松浦隆信(まつらたかのぶ)は、彼らがもたらす富と軍事力を重視して、庇護した。

▲平戸城天守から見た平戸港。かつては西の都「Firando」と呼ばれていた

*この時代の倭寇は日本人中心の海賊集団ではなく、中国人が主体となった武装海上商人、密貿易商人という性格が強いものであった

この時代に平戸で書かれた『大曲記』(おおまがりき)という史料には、南蛮船も平戸に入港するようになり、海外からの文物を求めて京都や堺などから商人が集まり、平戸は「西の都」といわれるほど繁栄したと書かれている。

異国情緒が残る城下町

西の都といわれた平戸は、中国人、オランダ人、ポルトガル人、イギリス人、オランダ人などの人々が暮らす、日本で最も国際的な街だった。しかし、寛永18年(1641)にオランダ商館が長崎の出島(☞P72)に移転し、約100年続いた平戸の対外貿易は幕を閉じた。

その後の長崎は、江戸時代には国内唯一の貿易港として、明治時代以降は県庁所在地として発展したが、それゆえに戦災によって壊滅状態になってしまう。一方、平戸は田舎の城下町であったため戦災を免れ、往時の雰囲気を伝える街になった。

江戸時代や明治時代の建物が残っているわけではないが、かつて城下町だったエリアには、海岸線に沿うように緩やかなカーブを描く道沿いに軒を揃えた建物が並んでいたり、薄緑色の外壁と尖塔が印象的なゴシック様式の教会があったり、明の形式で造られたといわれる井戸があったりと、日本と外国の文化がミックスされた独特の情緒が漂っている。とくに昭和37年(1962)に再建された平戸城と、2011年に復元された平戸オランダ商館は、街の歴史を象徴する建築物として観光名所になっている。

食の分野でも平戸ならではの品が伝わっている。カスドースという南蛮菓子で、カステラを卵黄に絡めてから糖蜜で揚げ、グラニュー糖をまぶしたもの。西の都として栄えていた時代に、ポルトガル人神父が原型となる菓子を伝えたといわれる。現在は平戸銘菓として人気を博しているが、当時は殿様だけが食べることができた幻の菓子だった。

歴史を感じさせる城下町だけでなく、世界遺産の構成資産に登録された2カ所の「平戸の聖地と集落」(☞P101)など、平戸市にはさまざまな魅力があり、多くの観光客を魅了している。

▲「寺院と教会の見える風景」と呼ばれる、平戸を代表する景色。手前に3つの寺院の建物が、奥に平戸ザビエル記念教会の尖塔が見える

▲平戸オランダ商館は、日本初の西洋式石造建造物とされる倉庫を忠実に復元したもの

▶唐人関係、倭寇関係遺跡として伝わる六角井戸。外国商人の居住地にあったかもしれないといわれる

大航海時代からの至宝、長崎と天草地方の潜伏キリシタン関連遺産

建築的にも価値が高い江上天主堂
(写真：(一社)長崎県観光連盟)▲

潜伏キリシタンの信仰と精神と伝統の形

2018年に日本の22番目の世界遺産として登録されたのが「長崎と天草地方の潜伏キリシタン関連遺産」だ。フランシスコ・ザビエルによって日本に初めてキリスト教が伝来したのは、大航海時代の天文18年(1549)のこと。ザビエルは鹿児島に上陸した翌年から日本を離れるまでの2年間に3度、平戸(ひらど)を訪れ、領主松浦隆信(たかのぶ)の許しを得て、初めて平戸でキリスト教の布教伝道にあたった。この地域は16世紀からキリスト教とかかわりが深く、九州の戦国大名の中にはキリスト教に改宗しキリシタン大名になった者も多かった。

しかし、江戸時代に入ると、幕府による禁教政策が厳しさを増していき、「潜伏キリシタン*」と呼ばれる人々が増えていった。正保(しょうほう)元年(1644)に国内で最後の宣教師が殉教し、宣教師不在となるなか、潜伏キリシタンたちは、その信仰を持ち続け、信仰の実践と継承を怠ることはなかった。彼らは共同体維持のため、移住した離島で小さな村を形成し、独自のコミュニティの中で暮らしながら、約2世紀にわたって信仰を維持したのである。

◀頭ヶ島(かしらがしま)天主堂にあるルルドのマリア像。ルルドとは、マリア出現の奇跡が起きた南フランスの巡礼地ルルドに由来する
(写真：2023 長崎の教会群情報センター)

そんな潜伏キリシタンたちのキリスト教禁制時代から維持され、明治6年(1873)の禁制解除後に活性化したキリスト教徒の共同体が世界遺産に登録された。共同体は10の集落に及び、1つの城跡、1つの聖堂の計12が構成資産となっている。熊本県天草市にある1件を除く11が長崎県にあり、城跡以外は今なお往時の伝統や精神を伝え、建築作品においては高い真正性を保っている。長崎市、佐世保市、平戸市、五島市、南島原市、新上五島町(しんかみごとうちょう)、小値賀町(おぢかちょう)の5市2町にある構成資産は次の通り。

長崎県の11の構成資産

大浦天主堂

潜伏キリシタンと宣教師との接触によって、「潜伏」が終わるきっかけとなった「信徒発見」の場所。国宝大浦天主堂の創建は、元治元年(1864)

(写真：(一社)長崎県観光連盟)

*潜伏キリシタンとは、社会的には普通に生活しながら密かにキリスト教由来の信仰を続けたキリシタンのこと。信仰を実践するために独自の対象を拝み、共同体を維持するために移住先を選んだ

原城跡

島原・天草一揆(☞P68)の主戦場跡。この一揆を機にキリシタンが潜伏し、信仰維持の方法を模索することを余儀なくされた

(写真：長崎県観光連盟)

平戸の聖地と集落(中江ノ島)

春日集落など平戸西海岸の潜伏キリシタンが殉教地として拝んだ中江ノ島。禁教期初期に平戸藩がキリシタンの処刑を行った

(写真：長崎県観光連盟)

外海の大野集落

表向きは仏教徒や神社の氏子となり、神社に自らの信仰対象を密かに祀って拝み、信仰を実践。写真は大野教会堂

(写真：長崎県観光連盟)

野崎島の集落跡

19世紀、神道の聖地だった島に開拓移住した潜伏キリシタンは氏子として信仰を擬装し、共同体を維持。写真は旧野首教会堂

(写真：長崎県観光連盟)

久賀島の集落

五島藩の政策に従って未開発地に開拓移住し、漁業や農業で互助関係を築きながら密かに信仰を維持。写真は旧五輪教会堂

(写真：長崎県観光連盟)

平戸の聖地と集落(春日集落と安満岳)

キリスト教伝来前から信仰の対象だった安満岳を拝むことで信仰を実践した集落。春日集落(写真)は16世紀の景観を残す

(写真：長崎県観光連盟)

外海の出津集落

家屋、畑地、墓地を一単位とする禁教期の集落構造、潜伏キリシタン特有の埋葬法や聖画像などが多く残る。写真は出津教会堂

(写真：長崎県観光連盟)

黒島の集落

平戸藩の牧場跡の再開発地に移住し共同体を維持。表向きは仏教徒となり寺ではマリア観音に祈りを捧げた。写真は黒島天主堂

(写真：長崎県観光連盟)

頭ヶ島の集落

病人の療養地だった頭ヶ島に19世紀に移住した潜伏キリシタンは、仏教徒の開拓指導者のもと、信仰を擬装しつつ共同体を維持

(写真：長崎県観光連盟)

奈留島の江上集落(江上天主堂とその周辺)

谷間に移住して密かに信仰を続け、解禁後はカトリックに復帰。江上天主堂(写真)は従来の技術を用いた教会堂の代表例(写真：2023 長崎の教会群情報センター)

悲劇の地から外国人向けリゾートへ湯けむり舞う雲仙（うんぜん）温泉

北西からみた雲仙岳の山々。最高峰が平成新山▲

宗教弾圧の悲劇

島原半島の中央にそびえる雲仙岳は、三岳五峰ともいわれる山々の総称である。その一つ、妙見岳の標高約700mの場所に長崎県を代表する温泉地「雲仙温泉」がある。

雲仙岳は古来､「温泉山」と表記して「おんせんざん」や「うんぜんざん」などと呼ばれており、雲仙温泉の開湯は大宝元年（701）に行基が満明寺（まんみょうじ）と四面宮（しめんぐう）*という寺社を造営したときと伝わっている。「雲仙」の表記に改められたのは、昭和9年（1934）に国立公園に指定されたときである。

雲仙岳では16世紀中頃まで山岳信仰（修験道）が栄えており、比叡山や高野山とともに「天下の三山」といわれる聖地であった。しかし、キリシタン大名となった有馬晴信（ありまはるのぶ）が仏教を弾圧し、40以上の寺社を破壊。ポルトガルの宣教師ルイス･フロイスは、著書『日本史』において「温泉と呼ばれ、日本では盛んな巡礼をもって知られる豪奢な社殿……その神殿は有馬の城の上、三里の地にあって、そこには大いなる硫黄の鉱山がある。神殿や僧院、および神仏像は、ドン･プロタジオ（晴信）の改宗後に破壊されていた」と記している。

一方、江戸時代になると、幕府がキリスト教信仰禁止令を布告。キリスト教徒は、高温の温泉と蒸気が噴出する「雲仙地獄」に連行され、熱湯を用いた「地獄責め」という拷問を受けて改宗を迫られた。時代を変え、同じ

◀水蒸気が噴出し、硫化水素のにおいが漂う雲仙地獄。現在は雲仙温泉を代表する観光地

▼寛永4年（1627）から4年間、キリシタンへの拷問と処刑が行われた灼熱地獄に立てられた「雲仙地獄殉教地の碑」

＊四面宮は九州の守り神を祭神とする神社。島原半島とその周辺に25社が点在しているが、多くが「温泉神社」などに名を変えている。総本社は「雲仙温泉神社」

地域で二つの宗教弾圧が行われたのだった。

避暑地として人気に

承応2年(1653)、藩主・松平忠房(まつだいらただふさ)の命により「延暦湯」という共同浴場が造られ、温泉地としての本格的な歴史が始まる。その後、湯守に命じられた加藤善左衛門が湯宿を創業。次第に湯治場として栄えるようになった。

転機が訪れたのは明治22年(1889)のことだった。上海の英字新聞「North China Herald」に雲仙を紹介する記事が掲載された。山の中腹にあって夏でも涼しく、バカンスにふさわしい温泉地であることや、長崎から雲仙までのルート、外国人客も予約できる宿の情報などを詳しく紹介。全4回の記事は一冊の本にまとめられ、上海租界＊＊地域在住の欧米人がこの本を手に雲仙へと向かうようになった。明治45年の統計では、日本人の利用者1万2532人に対して外国人は1万3022人であった。

1カ月近く長期滞在して高い経済効果をもたらす外国人客のため、次々と西洋式のホテルが建てられ、雲仙温泉は日本初の海外向けリゾートとして発展していった。大正12年(1923)には長崎と上海を結ぶ定期航路が運航されるようになり、外国人客数は右肩上がりに増加。ゴルフ場やテニスコートなども整備され、最盛期には世界30カ国から年間約3万人が訪れた。

午前中はゴルフやハイキング、登山をして、ホテルでランチを楽しんだ後は読書や昼寝。夕方からお酒を楽しみ、夜はドレスアップしてディナーとダンスパーティ。さまざまな国の紳士淑女がバカンスを楽しみ、近代リゾートにふさわしい光景が見られたが、長くは続かなかった。第二次世界大戦の勃発、太平洋戦争の開戦を迎え、外国人客の姿は消えていった。

◀昭和10年(1935)、外国人向けに創業した雲仙観光ホテルは、日本を代表するクラシックホテルの一つ

▶享保16年(1731)に湯治場として開かれた、歴史ある小地獄温泉館

(写真:長崎県観光連盟)

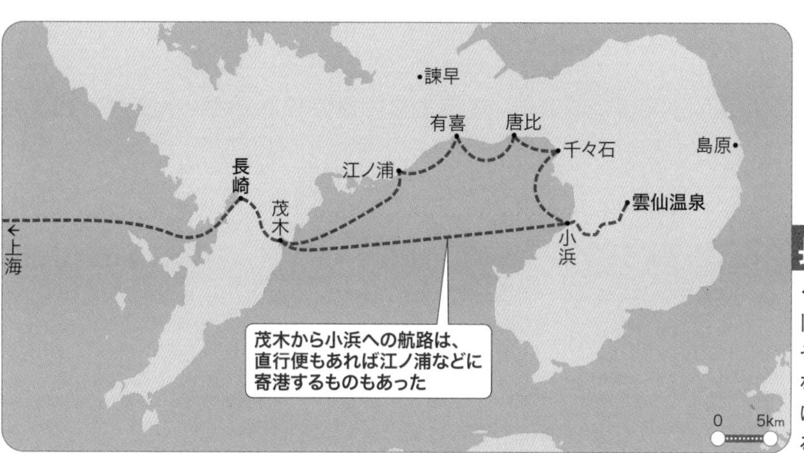

長崎から雲仙へ

◀長崎に到着した外国人客は、旧茂木街道を通って茂木港へ。そこから蒸気船に乗って小浜を目指した。小浜から雲仙へは椅子を付けた駕籠を利用する人が多かったという

＊＊上海租界とは、1842年アヘン戦争後に結ばれた南京条約によって開港した上海にあった外国人居留地のこと

日本の近代化の幕開けを担った、長崎にある明治日本の産業革命遺産群

軍艦島こと端島炭鉱にある貯水塔▶

造船や炭鉱に大きく貢献した長崎

2015年に世界遺産に登録された「明治日本の産業革命遺産　製鉄・製鋼、造船、石炭産業」。日本の産業遺産としては、「石見銀山遺跡とその文化的景観」や「富岡製糸場と絹産業遺産群」に次いで3番目となる。長崎のほか、山口や鹿児島など8エリア11サイト、全23の構成資産からなる。そのうち、長崎市に属するのは、「長崎造船所」「高島炭坑」「旧グラバー住宅」の3サイト、全8件を数える。

西洋地域以外で初であり、かつ短期間のうちに飛躍的に発展を遂げた点で世界史上、重要とされた。また、非西洋地域で近代化の先駆けとなっただけでなく、経済大国日本の原点を担った点でも高い価値が認められたのだ。

▲当初、草木も生えない岩礁だった端島。横から見ても上から見ても軍艦のように見えるため、軍艦島の異名を持つ。閉山以降は無人島

安政2年（1855）に幕府が長崎海軍伝習所を開いた2年後に建設が始まったのが長崎溶鉄所（後の長崎造船所）だった。幕府が造船の拠点を長崎に定めたのは、出島のある長崎が鎖国下で唯一、海外との窓口だったためで、西洋からの技術を入手するにも好都合だったからである。それ以降もオランダやイギリスなど各国の技術を取り入れ、現在の三菱重工業長崎造船所へと発展していった。

一方、石炭産業では、最初に西洋の炭鉱技術を導入した高島炭坑や日本初の鉄筋コンクリート製高層ビルが建った端島（はしま）炭坑が含まれた。いずれも高品質の石炭を産出した炭鉱で、日本の近代化を支える大きな役目を担った。また、在日イギリス商社グラバー商会が、高島炭坑の開発や長崎造船所の建設にあたったことから、創設者トーマス・グラバー（☞P82）の住居だった、旧グラバー住宅も構成資産に登録された。

◀炭坑開発にあたった英国人商人トーマス・グラバーの旧宅の応接室。居住やビジネスの拠点としてだけでなく、文化交流の場ともなった

8件の構成資産

小菅修船場跡

グラバーと薩摩藩士による、日本初の蒸気機関を利用した洋式ドック。明治元年（1868）完成。保存整備工事中のため見学エリア規制中

（写真：三菱重工業㈱）

三菱長崎造船所 第三船渠

竣工した明治38年当時は東洋最大のドック。現在の長さは276.6m。現在も多くの船舶の修理や整備に使用されている。非公開施設

（写真：三菱重工業㈱）

三菱長崎造船所 ジャイアント・カンチレバークレーン

明治42年に日本で初めて設置された英国製電動クレーン。150tもの重量を吊り上げる能力がある。現在も稼働中。非公開施設

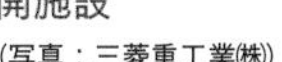

（写真：三菱重工業㈱）

三菱長崎造船所 旧木型場

明治31年に鋳物工場に併設する木型場として竣工。閉所後、長崎造船所の歴史を伝える史料館に。現在は建物工事のため休館中

（写真：三菱重工業㈱）

三菱長崎造船所 占勝閣

明治37年に落成した長崎造船所所長邸宅の木造洋館。設計は英国人建築家ジョサイア・コンドル*の弟子曾禰達蔵。非公開施設

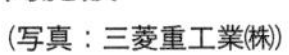

（写真：三菱重工業㈱）

高島炭坑

外国蒸気船の燃料供給のために造られた海底炭田の竪坑。西洋の最新技術と機械を導入した日本初の蒸気機関により、1日300tを出炭した

端島炭坑

明治3年に石炭採掘が始まり、明治23年に三菱所有となってから採炭が本格化。昭和の最盛期の人口は5000人以上に。昭和49年（1974）に閉山

旧グラバー住宅

文久３年（1863）に建設された旧グラバー住宅は、英国コロニアル様式と日本の伝統的な建築技術を融合した建築物。日本における最古の西洋建築

＊ “日本近代建築の父”といわれるジョサイア・コンドル（1852〜1920年）。明治政府肝いりの欧化政策の一環として建てられた鹿鳴館や東京丸の内の三菱一号館、ニコライ堂などの設計を担った

日本の近代化を支えた端島(はしま)炭坑と軍艦島での暮らし

長崎港から南西に約18kmの沖合に位置する軍艦島▲

良質の石炭を産出

世界遺産「明治日本の産業革命遺産　製鉄・製鋼、造船、石炭産業」（☞P104）の構成資産の一つである端島炭坑は、長崎半島から西に約4.5kmの沖合に位置する端島にあった炭坑のことである。元々、長崎県の西側沖合の海底には良質の炭田があり、19世紀中頃から多くの島で近代的な採炭事業が行われるようになり「黒ダイヤ列島」と呼ばれるほどに栄えた。端島もその一つであり、最も象徴的な島となった。

端島での採炭事業が本格化したのは、明治23年（1890）に経営が三菱の手に渡ってからだった。本格的な近代炭坑としての開発が進められ、小さな島だった端島は埋め立てによって、南北約480m、東西約160m、周囲約1200m、面積は3倍近くの約6万5000㎡にまで拡張。そして、すでにあった第一竪坑のほかに第二、第三竪坑が開坑された。

高い護岸に囲まれ、そびえ立つ煙突から煙を出し続ける端島の様子は、長崎造船所で建造された軍艦「土佐」のシルエットに似ていたことから「軍艦島」と呼ばれ、広く知られるようになった。

軍艦島の地下には複雑な坑道が掘り進められ、その深さは地下1000mにまで及び、そこで採掘された高品質の石炭は、福岡県の八幡製鐵所に運ばれて燃料として利用された。端島炭坑の出炭量は、最盛期の昭和16年

▲長崎港から出発するツアーで島に上陸して見学できる

▶RC高層アパートが立ち並ぶ軍艦島。無人島になってから約半世紀が過ぎ、建造物の崩壊、風化が進んでいる

（P106 107 写真：長崎県観光連盟）

(1941)で年間約41万t、戦後最多は約35万t。閉山する昭和49年までに約1570万tもの石炭が採掘され、日本の近代化に貢献した。

5000人以上が暮らした

端島炭坑での採炭事業が本格化するにつれて、炭坑で働く労働者やその家族などが増えていった。国勢調査の記録によると、1920〜40年代には3200〜3300人ほどが軍艦島で暮らしていたとされる。当初は木造の低層住宅であった島の住宅は、台風による被害を減らすため、そして住宅戸数を増やすために高層化が図られ、大正時代以降は、RC(鉄筋コンクリート)高層アパートが建てられるようになった。大正5年(1916)に建造された30号棟(通称：グラバーハウス*)は、日本最古のRC高層アパート。7階建ての建物に6畳ひと間の1Kの部屋が145室もあった。

昭和27年の記録では、島民は4701人。そのうちの1837人が三菱の業務に従事していた。島内には雑貨店や酒販店、青果と鮮魚を扱う店など、15軒の個人商店と三菱直営の購買部があったので島を出ることなく買い物ができたし、映画館などの娯楽施設も造られていた(昭和46年にはパチンコホールも開業)。その後、昭和34年には人口5259人を記録し、人口密度が当時の東京の約9倍、世界一、過密な街となった。

▲昭和30年代の軍艦島の住宅。昭和33年にはすべての世帯が電化していたと、当時の新聞が伝えている

炭坑での仕事は命がけの危険なものであったが、その分給与は高額であった。また、家賃や水道光熱費などの大部分が会社負担であったため、可処分所得が多く、軍艦島の生活水準はきわめて高いものだった。白黒テレビの全国普及率が約10%の時代に、軍艦島ではほぼすべての世帯にテレビがあったという。

活況を呈した軍艦島であったが、国のエネルギー政策転換や採掘の生産性の低下などから、端島炭坑の採掘が終了。昭和49年に閉山し、4月には全島民が島から離れて無人島になった。

▲商店で買い物をする人や子どもたちで賑わう、往時の軍艦島の様子。中央の階段は「地獄段」と呼ばれ、約30度の急勾配の階段が続く

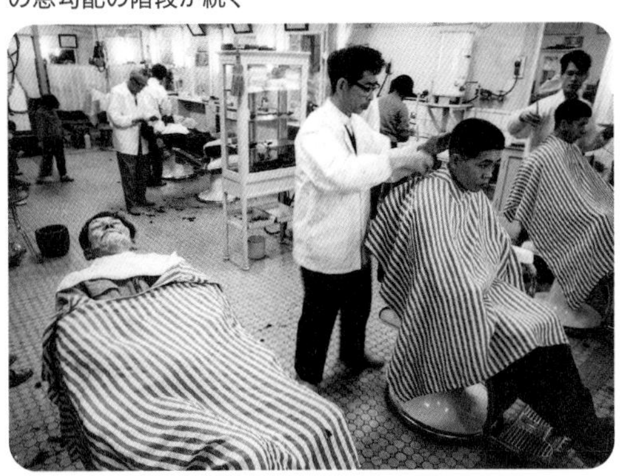
▲福利厚生施設の理容室。美容室も併設されていた

＊設計者が、トーマス・グラバー（☞P82）と関わりがあるとの説があり、この名で呼ばれるようになった

魚の種類は250以上！好漁場が広がる長崎県の水産業

県内各地で水揚げされるアジ。旬は春～秋▲

魚種の豊富さは日本一

長崎県は日本で一番離島が多く、数々の半島や岬、湾、入江のある変化に富んだ海岸線を有している。その総延長は約4166kmで、北海道に次ぐ長さ。また海岸線に面した広大な海域も有し、そこには九州西方を北上する対馬暖流や韓国の済州（チェジュ）島方面からの黄海冷水、九州からの沿岸水などが流れ込み、好漁場を数多く形成している。長崎県には、内湾から沖合まで多様な漁場環境があり、各漁場に合った多種多様な漁業が営まれている。

この豊かな海の恩恵を受け、2023年の資料によると長崎県の海面漁業*・養殖業生産量は、全国3位。産出額は全国2位。漁業経営体と漁業就業者の数も全国2位と、日本トップクラスの漁業王国である。県の経済において水産業が占める割合は、県内総生産の0.9%、就業人口の1.6%ほどだが、造船や漁業資材の製造、流通など、関連産業は幅広い。また、離島地域においては就業人口の9.2%を占めるなど、重要な産業である。

長崎県で水揚げされる魚は250種を超え、日本一といわれる。なかでも全国1位の漁獲量を誇るアジ類は、長崎を代表する魚の一つで、県内には「ごんあじ」と「野母（のも）んあじ」というマアジの二大ブランドがある。ごんあじは、五島灘の特定地域で獲れた重さ250g以上のマアジで、外洋を回遊せずに瀬に居ついて餌をたっぷり食べているため、脂ののりがよいのが特徴。野母んあじは、長崎半島南部の野母崎沖で一本釣りされた、体長26cm

長崎県の海産物生産量（2021年）

区分	長崎県	全国	全国順位
海面漁業・養殖業生産量	27万736t	416万3072t	2位
海面漁業漁獲量	24万7359t	323万6431t	4位
アジ類	4万9281t	10万6413t	1位
タイ類	4096t	2万4289t	1位
海面養殖業収穫量	2万3377t	92万6641t	13位
フグ類	1038t	2833t	1位
クロマグロ	7144t	2万1476t	1位

（農林水産省「令和3年漁業・養殖業生産統計」より）

海面漁業・養殖業産出額（2021年）

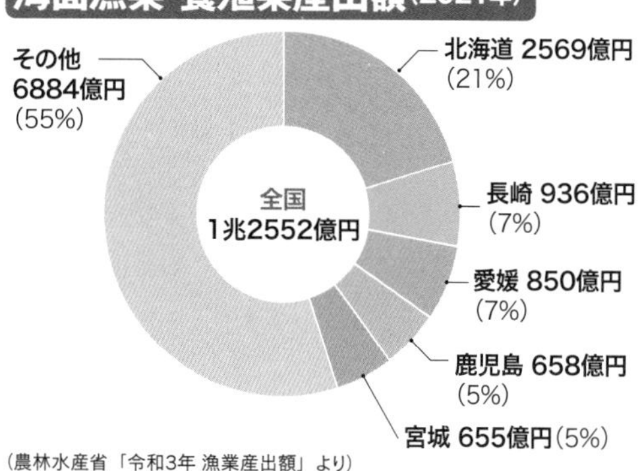

（農林水産省「令和3年 漁業産出額」より）

* 海洋で行う漁業のこと。河川や湖で行う漁業のことは内水面漁業という。なお海水が流入する湖で行われる漁業も海面漁業に含まれる

以上、重さ300～500gのマアジのことで、こりこりとした食感と脂ののりが特徴である。

二大養殖高級魚

多種多様な天然の魚介が水揚げされる長崎県だが、入り組んだ地形ならではの波が穏やかで養殖に適した海域が数多いという地理的要因から、養殖業も盛んである。とくに近年では高付加価値魚種の養殖に力を入れており、クロマグロとトラフグの生産量日本一を誇っている。

長崎県で本格的にクロマグロの養殖がスタートしたのは、平成5年(1993)のことだった。それまで県の養殖業の主流だったブリ類やマダイが価格低迷に陥り、それに替わる魚種としてクロマグロが選ばれた。当初は失敗の連続だったが、クロマグロの幼魚が長崎近海まで来遊することや、餌となるサバなどが容易に確保できたことなどが好材料となり、徐々に高品質で大きなマグロを育てられるようになった。2000年には養殖マニュアルが作られ、対馬や五島などの離島地域を中心に生産が拡大。2014年には生産量で鹿児島県を抜いて日本一になった。

近年、国内におけるトラフグ生産量の90%以上が養殖トラフグである。長崎県には、松浦市、戸石(長崎市)、九十九島(佐世保市)の三大養殖トラフグ産地があり、フグの流通拠点の下関や、最大消費地の大阪などに出荷されている。トラフグは1年半から2年ほどかけて育てられるが、その間に「歯切り」という作業が行われる。トラフグは興奮したりストレスが溜まったりすると鋭い歯で他のトラフグに噛みつくことがあり、その傷から病気にかかることがある。その予防のために1匹ずつ手作業で歯を切り落としていくのだ。歯切りは4、5回も行われるが、高品質なトラフグを育てるには欠かせないという。

▶県内でも有数の生産量を誇る新上五島町で水揚げされる養殖クロマグロ
(写真：長崎県観光連盟、KAMIGOTO)

◀「鷹ふく」のブランド名で各地に出荷されている松浦市の養殖トラフグ
(写真：長崎県観光連盟)

生産量全国1位の主要魚介種(2021年)

	生産量	全国シェア
海面漁業		
アジ類	4万9281t	46%
カタクチイワシ	2万5337t	21%
タイ類	4096t	17%
タチウオ	1293t	18%
イサキ	1032t	32%
サザエ	817t	19%
アナゴ類	511t	20%
海面養殖業		
クロマグロ	7144t	33%
その他のブリ類(ブリ・カンパチ以外)	1495t	37%
フグ類	1038t	37%
その他の貝類(カキ類・ホタテ以外)	75t	17%

(長崎県「長崎県水産業の概要」より)

地形や気候を生かした長崎県の農業と日本一のビワ栽培

傾斜地を利用した棚田も多い。写真は波佐見（はさみ）町の鬼木（おにぎ）棚田▲

長崎県の農業の特徴と課題

長崎県は県土の面積約4131㎢のうち、有人の離島が約1823㎢（約44％）を占めているほか、本土も大部分が半島で占められており、地形が複雑で急傾斜のある土地が多い。平坦地に乏しいため、耕地面積は459㎢で全国31位。また大消費地からも遠く、地理的条件にも恵まれていないものの、年間平均気温が約13～18℃、年間降水量が約1900～3200㎜という温暖多雨な気候と複雑な地形や自然環境を生かした農業が営まれている。

2021年の農業産出額は1551億円で、過去最高となる全国第20位を記録した。これは、諫早湾干拓地でのタマネギやレタスなどの大規模生産や、イチゴやトマト、花（か）きなどの施設園芸が拡大したことにより一定面積当たりの収入が向上したことや、県内各地で肉用牛の肥育頭数が増加したことによるものと考えられている。

農業産出額と同様に農業所得についても増加傾向にあり、2020年の1経営体当たりの農業所得は約545万円で、1000万円を超える販売規模の農業経営体も増加している。

県内の農家については、2020年の総農家数は2万8282戸で、2010年から約1万戸減少するなど、長年減少傾向が続いている。また、農業従事者の高齢化も進行し、65歳以上が61％を超えており、農業従事者の確保が大きな課題となっている。耕作が行われておらず作物の栽培が不可能な「荒廃農地」は、約158㎢で全国1位。その解消に向けた取り組みも必要とされている。

長崎県の耕地面積（2021年）

（長崎県「令和5年度ながさきの農林業」より）

区分		面積
県全体の面積		4131㎢
耕地面積		459㎢
田		210㎢（45.8%）
畑	畑（計）	249㎢（54.2%）
	普通畑	194㎢
	樹園地	51.8㎢
	牧草地	2.99㎢

長崎県の農業産出額（2021年）

（農林水産省「令和3年生産農業所得統計」より）

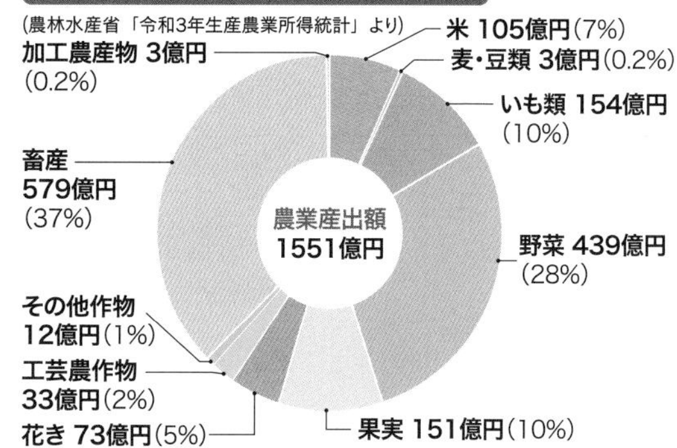

一粒の種から始まったビワ栽培

長崎を代表する農産物の一つが、全国1位の産出額・収穫量を誇るビワである。初夏に旬を迎えるビワは、中国南部が起源とされているが、日本の弥生時代の遺跡からビワの種子が発見されていることから日本でも古くから生育していたのがわかっている。そんなビワだが、日本で本格的に栽培されるようになったのは、江戸時代末期のことだった。

長崎の出島にある唐人屋敷に出入りする人からビワの種をもらった、三浦シヲ（本名：荒木ワシ）という女性が、茂木（もぎ）（現在の長崎市茂木町）にある実家の庭で種をまいて育てたのが始まりだといわれている。このビワがおいしかったことから、接ぎ木で徐々に数を増やしていって茂木を中心にビワ栽培が広まっていった。

大正3年（1914）、東京で開催された博覧会に長崎県産のビワが出品されると、そのすべてが入賞するという快挙を達成。これを契機に全国に知られるようになり、ビワ栽培は拡大。昭和2年（1927）には作付面積で全国1位となり、長崎産のビワは大阪や東京にも出荷されるようになった。

ビワは果物のなかでは珍しく11～2月に花をつける。比較的温暖な気候の長崎では、露地栽培が主流だが、その実は寒さに弱いため、近年ではハウス栽培が積極的に行われている。果実が成長すると、傷つきやすい果皮を保護するために一つ一つに袋がけが行われる。こうして大切に育てられたビワは、ハウス栽培のものは2～4月に、露地栽培のものは5～6月に収穫され、全国に出荷されている。

ビワの都道府県別収穫量（2022年）

（農林水産省「令和4年作況調査（果樹）」より）

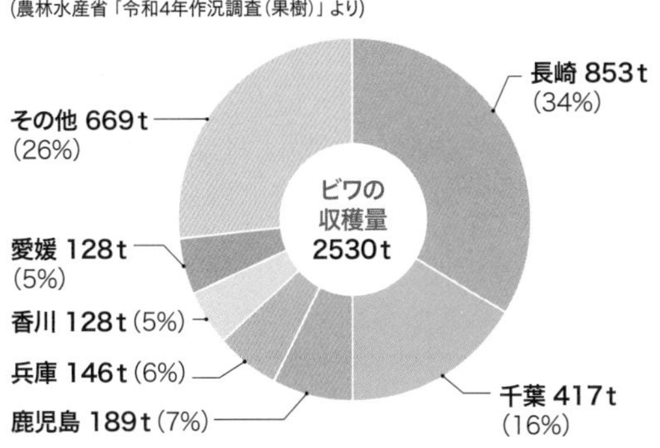

◀長崎産のビワは、みずみずしい果肉と酸味が少なく上品な甘さが特徴

全国トップ10に入る主要品目（2021年）

品目名	農業産出額	全国順位
肉用牛	265億円	6位
ジャガイモ	148億円	3位
ミカン	120億円	6位
イチゴ	115億円	4位
タマネギ	35億円	4位
レタス	32億円	6位
ブロッコリー	29億円	7位
葉タバコ	27億円	5位
菊（切り花）	26億円	5位
ダイコン	23億円	9位
ニンジン	20億円	6位
アスパラガス	18億円	5位
ビワ	11億円	1位
カボチャ	8億円	9位
ハクサイ	8億円	9位
モヤシ	6億円	8位
カーネーション（切り花）	6億円	6位
サヤエンドウ	5億円	9位
ガーベラ	3億円	4位
ニガウリ	3億円	5位

（長崎県「令和5年度ながさきの農林業」より）

長崎本線の誕生とルートの変遷 5代目までの長崎駅

浦上駅前広場にある「長崎駅址」の碑▲

長崎本線ルートの変遷 明治の旧線と昭和の新線

長崎本線は鹿児島本線の鳥栖駅から佐賀駅を通って長崎駅までの路線。そのルーツは明治時代に九州に初めて鉄道を開業した九州鉄道会社の歴史にさかのぼる。九州鉄道は福岡、熊本、佐賀の人々によって計画された会社だった。ここに長崎の有志も加わって明治20年(1887)に設立され、長崎にも鉄道が敷設されることになった。

九州鉄道では九州初の鉄道、博多—千歳川仮停車場(鳥栖市)を明治22年(1889)に開業し、明治24年(1891)に、現在の長崎本線の一部となる鳥栖—佐賀間を開業。明治30年(1897)に鳥栖—早岐、長崎(現・浦上)—長与が開通、翌明治31年(1898)に早岐—長与が開通し長崎線となった。長崎線は明治40年(1907)の国有化を経て、鳥栖—早岐—長崎間(現在の佐世保線、大村線経由)が長崎本線と定められた。

つまり長崎本線は、もとは佐世保線、大村線を通るルートだった。早岐—長与間が開通するまでは、早岐で蒸気船に乗り換えて大村湾を渡り、徒歩や人力車で長与駅まで行き再び汽車に乗って長崎に向かった。

早岐経由のこのルートは長崎へは大回りだったため、肥前山口(現・江北)から有明海に沿って諫早を結ぶ短絡線が建設されることになり、昭和9年(1934)に開通。このルートが長崎本線に改められ、従来の肥前山口—早岐—佐世保は佐世保線、早岐—諫早は大村線となった。

長与駅を経由する大村湾沿いの諫早—長崎間(長与経由)はカーブが多かったので、喜々津—浦上間にトンネルを掘り別ルートがつくられ昭和47年(1972)に新線(市布経由)として開通した。このルートは電化され、距離も6.7km短縮された。もとの明治開業の

長崎本線変遷マップ

ルートは旧線(長与経由)と呼ばれるが、どちらも列車が走っている。この新線と旧線が合流する浦上駅から長崎駅までは2020年に西九州新幹線開業に向けて高架化された。

終着・始発駅 長崎駅の変遷

異国情緒漂う長崎の玄関口となる長崎駅。新幹線開業によって5代目駅舎が完成し、そのイメージも刷新しつつある。

九州鉄道が最初に開業した長崎駅は、現在の浦上駅の場所だった。浦上駅前広場にある「長崎駅址」の碑がその歴史を語っている。

その後、長崎港の埋め立てが進み、線路はより市街地近くまで延び仮駅舎がつくられ明治38年(1905)に新しい長崎駅が開業した。これまでの長崎駅は浦上駅に改称された。

仮駅舎は大正期に入ってドイツ風の建物に改築された。瀟洒(しょうしゃ)な建物だったが、昭和20年(1945)、原爆によって焼失した。

昭和24年(1949)、ステンドグラスと大きな時計のある三角屋根が特徴で、その後約50年も長崎の顔として親しまれた3代目駅舎が完成。昭和41年(1966)には駅前に長崎初の横断歩道橋、昭和44年(1969)には駅前高架広場ができた。

時代はかわり、駅とその周辺には列車に乗降するだけではない機能が求められるようになり、駅と一体化したショッピング・アミューズメント施設「アミュプラザ長崎」とともに2000年、4代目駅舎が完成。列車利用客以外の人も駅を利用するようになった。

そして2020年浦上—長崎間が高架になり、旧駅舎から約150m西に移転した場所に、2階がホーム、1階が改札口の5代目になる長崎駅が開業した。稲佐山(いなさやま)、長崎港、二十六聖人殉教地と長崎らしさを象徴する風景の眺望にこだわったという駅舎は、2022年9月23日に西九州新幹線を迎え、新たな時代がはじまった。

長崎駅の変遷

◀初代。明治30年九州鉄道長崎—長与間開業時の長崎駅(現・浦上駅)
(長崎大学附属図書館所蔵)

◀2代目。明治38年に線路を延長し置かれた仮駅舎を長崎駅とし、大正2年(1913)にドイツ風の建物に改築した
(長崎大学附属図書館所蔵)

◀3代目。昭和24年5月25日完成
(長崎大学附属図書館所蔵)

◀4代目。2000年9月21日開業

◀5代目。2020年3月28日開業

長崎のまちの風景になくてはならない長崎電気軌道（ながさきでんききどう）

昭和期製造の車両をリニューアルした「みなと」の愛称をもつ車両▲

まちの風景を彩る路面電車の特色

港や出島、中華街に洋館と異国情緒あふれる長崎の町には路面電車がよく似合う。似合っている理由の一つに、長崎電気軌道では路線の大部分でレールと道路との段差が、アスファルトではなく敷石で埋められていることがあげられる。石畳に敷かれたレールの上を走る路面電車は、長崎らしい風景になくてはならない存在だ。

長崎で「電車」といえば、この路面電車のことをさす。長崎電鉄とか長崎市電ともいわれるが、正式な会社名は長崎電気軌道株式会社。

長崎電気軌道は大正3年（1914）に会社が設立され、翌年の11月16日に、病院下（現・大学病院あたり）― 築町（つきまち）（現・新地中華街あたり）での運行がはじまった。開業後、線路は順次延長され、昭和9年（1934）には大橋、大浦石橋、思案橋（しあんばし）、蛍茶屋（ほたるちゃや）を終点とする路線が完成し、昭和43年（1968）までにさらに延長され、ほぼ現在の路線となった。

▲長崎のまちの風景になくてはならない路面電車。石畳に敷かれたレールの上を走る

市民の足、観光客の足として100年以上も愛され、長崎のまちを走り続けてきた「電車」には、車庫火災、原爆、大洪水と多くの苦難を乗り越えてきた歴史がある。なかでも原爆による被害は壊滅的だった。が、3カ月半後には運行が再開された。「電車」の驚異的な早期復旧は、長崎の復興に大いに貢献し、人々を勇気づけた。

低運賃で乗れることも長崎の「電車」が愛されてきたもう一つの理由で、昭和59年（1984）から2009年までの25年間、全区間100円均一という日本一安い運賃で運行されていた。100円均一が保てたのは、会社のさまざまな努力があったからだが、車体全体を塗装した広告電車（カラー電車）を走らせ広告収入を得たことは特筆すべきことだ。日本の路面電車で車体を使った広告は、長崎電気軌道が初めての事例だった。昭和39年（1964）に、カネボウ化粧品がスポンサーとなって車体全体に広告を施した全面広告電車（カラー電車）を走らせたのだ。

こうした広告収入のほか、ランタン電飾花電車、花まつり花電車、ビール電車などの企画電車を走らせ、その収入も低運賃を支えてきた。現在は、2021年に運賃改正があり140円均一となっている。

明治から令和生まれまで多種多様な車両が走る

長崎を走る「電車」の車両は、緑とクリーム色のツートンに塗られたオリジナル塗装のものと、広告電車としてさまざまに塗装されたカラー電車がある。車両は自社で製造したものが大半だが、東京、熊本、仙台、京都などで活躍した車両が引退後に長崎にやってきたものもある。譲渡車両といわれる多種多様な車両の導入は、車両コストが軽減でき、これも低運賃を保てた要因の一つだ。鉄道ファンからは「長崎電気軌道はいろいろな車両が走る、動態保存されている」と人気が高い。

現在も長崎電気軌道が所有する車両をいくつか紹介する。

●160形168号（元西鉄福岡市内線100形）＝明治44年（1911）製造。日本最古の木造ボギー車（車体に対して水平方向に回転可能な台車を装備）。記念日のみ運行。

●300形310号 ＝ 昭 和29年（1954） 製 造。2017年に「路面電車魅力向上費補助」を受けリニューアル。メタリックブルー塗装、車内に木材やステンドグラスを採用した水戸岡鋭治氏の長崎らしいデザインで、愛称は「みなと」。

●600形601号（元熊本市電170形）＝昭和28年（1953）製造。昭和44年（1969）に熊本市電から譲渡。

長崎電気軌道路線図

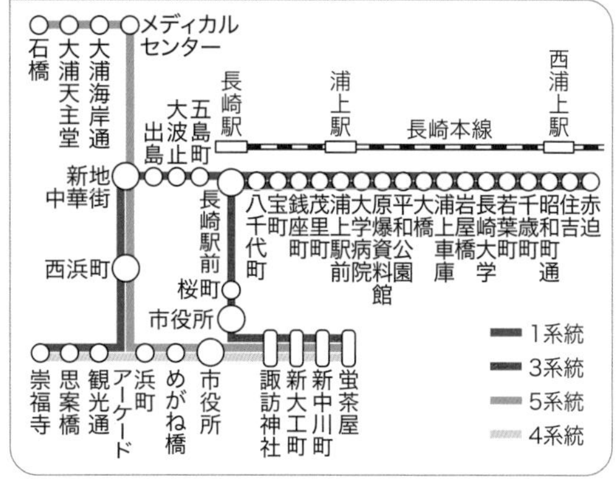

●6000形6001号＝ 2022年導入。全低床バリアフリー車両。

160形168号と600形601号以外の多くの譲渡車両はすでに引退しているが、引退した車両のうちふるさとに里帰りした車両がある。大正14年（1925）製造の車両で、都電で活躍したのち昭和27年（1952）に箱根登山鉄道小田原市内線に譲渡され、小田原市内線廃止とともに昭和31年（1956）に長崎電気軌道にやってきた車両で、昭和62年（1987）に引退。引退後は小田原時代の塗色に変更されイベント時などに使われていた150形151号の車両だ。2019年に廃車になったのち、この車両をふるさとの小田原に返そうと有志が立ち上がり、クラウドファンディングで資金を得て、2021年3月に里帰りさせた。小田原市内の国道1号線にある箱根口ガレージの報徳広場に保存されている。長崎の電車のある風景には、さまざまなエピソードが隠されている。

▶報徳広場に保存された150形車両。小田原時代は200形

かつて国宝級の機関車が走った幸せの列車王国 島原鉄道

観光列車「しまてつカフェトレイン」▶

島原鉄道の歴史と日本一海に近い駅

島原半島の東側、有明海に沿って諫早から島原港駅を結ぶ島原鉄道は、明治44年（1911）に開業した鉄道だ。明治31年（1898）に長崎線が開通し諫早に鉄道が敷かれると、島原にも鉄道をという気運が高まり、多比良出身の植木元太郎が中心となり島原鉄道株式会社を創立。明治44年に一番列車が本諫早駅を発車し愛野村（現、愛野駅）まで走り、島原半島に初の鉄道が開業した。大正元年（1912）に神代町（現、神代）駅、翌年大三東駅へと順次延伸し、同年9月24日に島原湊駅まで開通。その後の延伸、廃止の歴史を経て、現在、島原鉄道は諫早―島原港間、43.2kmを走っている。

▲願い事やメッセージが書かれた黄色いハンカチがはためく大三東駅ホーム

島原鉄道は2015年に『幸せの黄色い列車王国』プロジェクトを立ち上げていて、黄色に塗装された車両が有明海によく似合う。もっとも海に近いといわれている駅・大三東駅には「幸せの黄色いハンカチガチャガチャ」が設置してあり、ハンカチに願い事やメッセージを書いて、ホームにある専用の箇所に掲示することができる。ホームからは有明海の干潟の向こうに阿蘇の山並みが見え、黄色いハンカチがはためく駅の風景とそこから見える絶景に魅せられて多くの人が訪れている。週末などには車内で紅茶やデザートを提供する観光列車「しまてつカフェトレイン」も運行される。

新橋―横浜開業時、日本で初めて走った一号機関車

明治5年（1872）、新橋―横浜間に日本で初めて鉄道が開業した。イギリス人技師たちの指導のもと、線路を敷設し車両を輸入しての開業だった。開業にあたってイギリスから

10両の蒸気機関車が輸入された。石炭と水を機関車に積んだイギリスのメーカーで製造された「タンク機関車」だった。10両には、「一号」から「十号」までの番号がつけられた。

「タンク機関車」は燃料の積載量が少なく短区間の運行には適していたが、鉄道が全国に発展し、線路が延伸、輸送量が増大すると、より大型の新鋭機関車が求められ、これら10両は第一線を退いていった。

日本を走った最古の機関車の1両である「一号機関車」は、新橋—横浜間を8年間走ったのち、神戸、愛知県武豊（たけとよ）線、大阪駅構内などで活躍し、明治44年4月、約40年間の国鉄勤めを終え開業を控えた島原鉄道に売却された。

こんどは島原鉄道の「一号機関車」となって同年6月20日に3両の客車と貨車を牽いて本諫早駅を一番列車として出発した。以来「一号機関車」は、島原鉄道で大切にされ約20年間走り続けた。

鉄道開業50年の記念事業として東京に鉄道博物館が開館すると、日本で初めて走った最古の「一号機関車」は貴重な資料として保存展示の対象となり、島原鉄道から引き取られることになった。昭和5年（1930）、「一号機関車」が島原鉄道を去る日、島原駅構内では盛大な送別式がおこなわれ、多くの人が見送った。島原鉄道の社長・植木元太郎は「国宝第一号機関車」と旗を立て、「惜別の感無量なり、涙をもって送る、島鉄社長、植木元太郎」と書いた札を車体に貼り付け、長年苦労を共にした「一号機関車」との別れを惜しんだ。この札はのちに「惜別感無量」のプレートにされて車体に取り付けられた。

昭和11年（1936）、鉄道博物館（のちに交通博物館）が東京の神田・万世橋に移転し、「一号機関車」はここで長いこと展示されていた。2007年にさいたま市大宮に鉄道博物館が開館するとこちらに移されて現在に至っている。この間昭和33年（1958）に鉄道記念物第1号に選定、平成9年（1997）に重要文化財に指定された。植木社長の「惜別感無量」のプレートは現在も車体に取り付けられている。「一号機関車」は、絵本『きかんしゃ やえもん』のやえもんのモデルにもなった。

▲島原鉄道の多比良町駅（現、多比良駅）に停車する一号機関車（写真：島原鉄道）

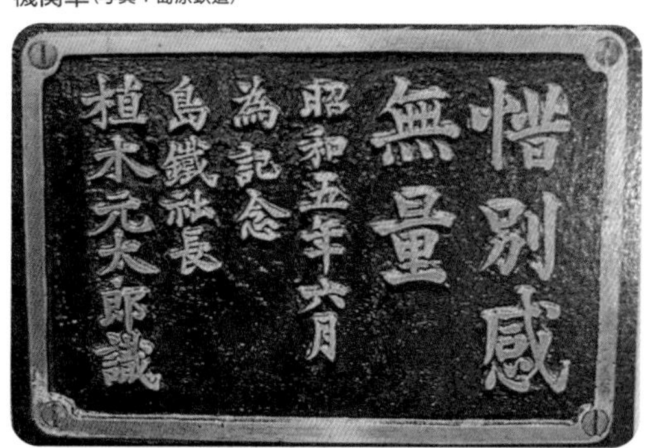

▲一号機関車に取り付けられた「惜別感無量」のプレート

▲有明海に面した大三東駅の夕景。海の向こうには阿蘇の山並みも見える

社会のコラム

九州を代表するテーマパーク ハウステンボスの軌跡

一人の男が夢見た壮大な計画の実現

ハウステンボスは、佐世保市の南部、大村湾に面した場所にあるテーマパーク。152万㎡の敷地面積は、テーマパークとしては日本一の広さを誇り、コロナ禍前の2018年10月～2019年9月の入場者数は254万7000人＊。ヨーロッパの街並みを精妙に再現してつくられた園内では、フラワーフェスティバルや世界最大級のイルミネーションなど6シーズンのイベントを年間通して魅力的に開催している。

ハウステンボスがオープンしたのは、平成4年(1992)のこと。大都市商圏から遠く離れた地で、初期投資金額2200億円ともいわれる、一大プロジェクトを実現させたのは、神近義邦（かみちかよしくに）という人物だった。神近は、昭和55年(1980)に「長崎バイオパーク」、昭和58年にはハウステンボスの母体ともいうべきテーマパーク「長崎オランダ村」をつくり、大村湾に多くの観光客を集めることに成功していた。

そんな神近に目を付けたのが当時の長崎県知事だった。県は、自衛隊駐屯地跡に造成した工業団地への企業誘致に失敗しており、その活用方法を神近に打診。神近は、かねて思い描いていた壮大な環境未来都市づくり構想を知事へ提案し、ハウステンボス計画はスタートした。

計画始動から6年を経て開業を迎えたハウステンボスだったが、バブル崩壊の影響もあってか、開業年から目標とした集客数に届かず、赤字が続いた。2000年には神近が社長を退任し、2003年には会社更生法を申請して経営が破綻。営業を続けながら再建を目指したが、黒字転換は実現しなかった。しかし、2010年に旅行会社H.I.S.を中心とした経営再建によって、開業以来初の営業黒字を達成。

2022年にはアジア最大級の投資会社PAGの傘下となり、「憧れの異世界。」をブランドテーマに掲げて、大規模な投資が行われることになった。

▼(左) ハウステンボスでは、春はチューリップ、初夏はバラなど、四季折々の花が咲き誇る ▼(右) オランダを思わせる風車がある風景が広がる ▶花火やライトアップなど、夜のイベントも人気 (写真：©ハウステンボス/J-21058)

＊綜合ユニコム『レジャーランド＆レクパーク総覧2021』より

国語
&
美術 家庭科

長崎を愛した遠藤周作と長崎のために命を捧げた永井隆

▶遠藤周作文学館に再現された生前の書斎
(写真:長崎県観光連盟)

長崎を心の故郷と慈しんだ遠藤周作

数々の歴史の舞台となった長崎を描いた文学作品は、枚挙に暇がないが、代表作の一つが昭和41年(1966)に出版された遠藤周作の『沈黙』だ。『沈黙』は、17世紀の日本でのキリシタン弾圧を題材にし、主人公のポルトガル人司祭ロドリゴが自らの信仰を守るか、苦しむ信者のために棄教するかという苦悩を通して、「神の沈黙」というキリスト信仰の根源的な問題に切り込んだ小説である。

『沈黙』の執筆は、遠藤が昭和39年に初めて長崎を訪れた際に踏み絵を見たことがきっかけだった。踏み絵の木枠に残っていた指の跡のことが忘れられず、何度も長崎を訪れては、キリシタンに関係する土地を取材。現在の長崎市外海地区に実在した黒崎村を作中の「トモギ村」のモデルの一つとして描いた。

しかし、『沈黙』が出版された当時は、ロドリゴが踏み絵に足をかける結末であったことにカトリック教会の保守派が反発。長崎では禁書のように扱われたという。それでも「キリスト教と日本」をテーマにしていた遠藤にとって、長崎は心の故郷といえるほど愛着のある土地であった。後年、やはり長崎が舞台で、『沈黙』の精神的続編とされる『女の一生(一部・二部)』を上梓している。

▲遠藤周作。カトリック作家として日本の精神風土とキリスト教の問題を書き続けた
(写真:遠藤周作文学館)

▶潜伏キリシタンの里として知られる外海地区。角力灘を見渡す地に遠藤周作文学館がある

遠藤の作品は、海外でも評価が高く、2016年には、原作に出合ってから28年間、映画化を熱望し続けたというマーティン・スコセッシが『沈黙-サイレンス-』を制作している。

平和を訴え続けた永井隆の生きざま

長崎の文学者として、何よりも郷土の偉人として知られているのが永井隆である。明治41年(1908)に島根県松江市で生まれた永井は、旧制長崎医科大学（現・長崎大学医学部）を卒業し、放射線医学研究の道に進んだ。軍医として満州事変に従軍後、26歳でカトリックに改宗。昭和20年、37歳のときに、職業柄浴び続けていたラジウムの影響による白血病が発覚し、余命3年と宣告された。

そして同年8月9日、爆心地からわずか700mしか離れていない長崎医科大学付属医院で被爆した。一命は取り留めたものの瀕死の重傷を負ったが、3日間にわたり被災者の治療に奔走。永井の2人の子どもは疎開していて無事だったが、自宅にいた妻は爆死していた。

翌年、長崎医科大学の教授に就任。救護活動の様子を「原子爆弾救護報告」としてまとめたり、後に『長崎の鐘』として出版される原稿を書き上げたりするなど、精力的に活動したが、間もなく病床に伏すことになった。

昭和23年には、浦上の人々が永井のために建てた「如己堂（にょこどう）」に子どもと共に移住。寝たきりのままで、『ロザリオの鎖』『この子を残して』『生命の河』『いとし子よ』などを執筆。ベストセラーになった『長崎の鐘』は、英語やフランス語など10カ国語に翻訳され、同書をモチーフにした歌謡曲も大ヒットした。

◀隣人愛による恒久平和を訴え、願い続けた永井隆。長崎市で最初の名誉市民に選ばれた
(写真:長崎市永井隆記念館)

自らの体験をもとに、人間愛や平和の尊さ、原爆や戦争の愚かさを訴えた永井の作品は、国内外に知られ、昭和天皇やローマ法王特使、ヘレン・ケラーらが見舞いに訪れた。

宣告よりも3年長く生きて、昭和26年に永井はこの世を去った。長崎市民の精神的支えであった彼の葬儀は廃墟の浦上天主堂で執り行われ、約2万人の市民が参加した。

▲「己の如く隣人を愛せよ」という聖書の一節から名付けられた如己堂(写真:長崎県観光連盟、NAGASAKI CITY)

◀永井の精神を伝えるために造られた長崎市永井隆記念館
(写真:長崎県観光連盟)

シーボルトお抱え絵師 川原慶賀が描いた ボタニカルアートと日本

日本人の暮らしの一幕『唐蘭館絵巻（蘭館図）八宴会図』（写真:長崎歴史文化博物館）▶

謎多き町絵師

幕末の長崎でシーボルト（☞P80）に依頼され、シーボルト作『日本』『日本植物誌』『日本動物誌』の絵画を描いた人物がいた。通称登与助こと川原慶賀だ。天明6年（1786）、今下町（現・長崎市賑町）で絵師の父・香山の元に生まれ、絵画は父から学んだといわれる。

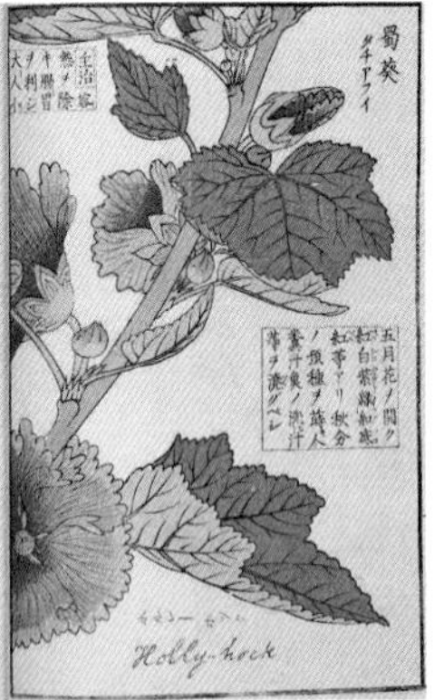

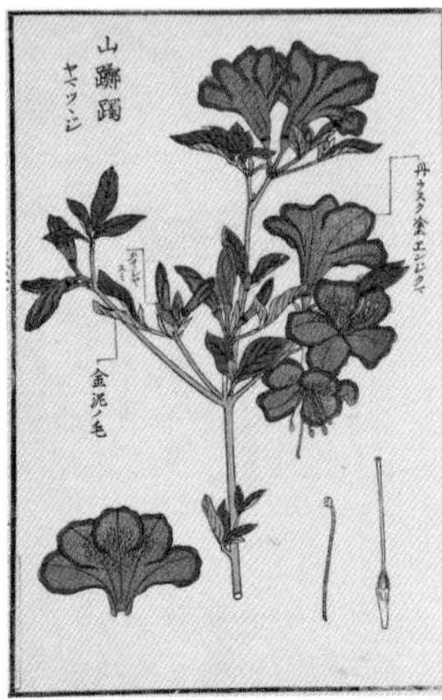

▲作品名『草木花實寫真圖譜 一 タチアオイ』。紙本彩色、木版、冊子。開花時期や種まきの詳細も書かれている（写真：長崎歴史文化博物館）

◀作品名『草木花實寫真圖譜 四 ヤマツツジ』。紙本彩色、木版、冊子。ツツジ科のひとつとして描かれた（写真:長崎歴史文化博物館）

鎖国時代に唯一、海外に開かれた長崎で生まれた長崎派絵画は、海外から流入する書画・器物の鑑定や模写、交易品の渡来動物を描くことを職業とする“唐絵目利”から発展した作風で、唐絵目利は長崎奉行所の職種のひとつでもあった。任ぜられた4家の世襲制。慶賀はその家系には属さないが、画才を認められ、4家のひとりとの関わりもあって、職業絵師として独立。やがて長崎奉行所から“出島出入絵師”という肩書きを得るに至った。

何よりも彼の人生を変えたのが、ドイツ人医師で博物学者のフィリップ・フランツ・フォン・シーボルトとの出会いであった。文政6年（1823）、シーボルトは27歳のとき、出島にあるオランダ商館の医師として来日した。

しかし、いつ、なぜ、どこで慶賀がシーボルトと出会ったのかは未だ謎に包まれている。手掛かりは絵と落款のみ。享和3年（1803）～文化14年（1817）に商館長を務めたヘンドリック・ドゥーフの肖像画と後任のブロンホフ商館長の家族図を手掛けていることから、その頃には出島出入絵師だったに違いなく、6年後に新館長とともに来日したシーボルトは、前商館長の口利きで慶賀と出会ったと推

＊江戸参府とは、江戸時代に長崎にあったオランダ商館長が、貿易免許の礼に江戸に上がり、将軍に拝謁して献上物を差し出すこと

測されている。当時、出島出入絵師の絵のみがオランダへの持ち帰りを許されていたため、植物研究のために絵師を求めていたシーボルトにとって慶賀は適任だったはず。かくして慶賀はシーボルトお抱え絵師となった。

シーボルトのカメラ

シーボルトが出島に滞在した約6年間、慶賀は彼につききりだった。シーボルトが目にする植物、動物、日本人の暮らしぶり、日本の道具から年中行事に至るまで、ありとあらゆるものを絵にした。文政9年2月から7月にかけての江戸参府*の際も、慶賀は従者として同行し、旅先でシーボルトが目にするものを直ちに絵にした。まるでカメラのごとく。植物画だけでなく人物画や風景画でもヨーロッパの手法を取り入れた慶賀の作品をシーボルトは絶賛した。慶賀も自分の使命はシーボルトの求める自然物を限りなくありのままに描くことと自覚したのだろう、腕を上げ、いつしか二人は雇い主と雇われ絵師という関係を超えた存在になっていたと考えられている。

すべてはシーボルトのために。そんな慶賀の真意を証明する事件が起きた。文政13年。江戸参府の際、シーボルトの監視役を命ぜられていたとされる慶賀だったが、それを厭い“監視不十分”という罪で処罰されたのだ。この時、すでにシーボルトは発覚したシーボルト事件**により国外追放されていたが、その罪も負って獄中の身に。二度目は天保13年(1842)。オランダ人の注文で描いた長崎港俯瞰図に家紋を入れるなど詳細過ぎたため、防衛秘密漏洩の罪で、“江戸ならびに長崎払い”という厳罰に処され、行方知らずとなった。

空白の4年を経た弘化3年(1846)。落款から、野母崎の観音寺本堂天井画のうち花卉図4枚を手掛けたことがわかっている。天井画が、唐絵目利の一人で御用絵師でもあった石崎融思一族の制作だったことから、親交のあった融思が奉行所へとりもってくれたのではと推測されている。

その後の慶賀の生涯を示す資料は何もない。残された絵にある、“立賀”と読める印が慶賀のものだとすれば、80歳頃までは絵筆をとっていたのでは、という推測のみが歴史に刻まれている。

▲作品名『唐蘭館絵巻(蘭館図) 一 蘭船入港図』。入港する蘭船を望遠鏡で覗いているのはシーボルトで、背後にいる日本女性が妻となったお滝と子供のお稲ではないかと推測されている(写真:長崎歴史文化博物館)

▶出島内のミニ出島。慶賀が文政3年頃に描いたとされる『長崎出島之図』を参考に、昭和51年(1976)に長崎市が15分の1の模型をつくった

◀野母崎にある観音寺本堂の天井画には、慶賀作のボタン(写真)やユリ、ノウゼンカズラなど4枚が含まれている。和銅2年(709)に行基によって開山された長崎周辺では最古の寺院(写真:観音寺)

** シーボルト事件とは、文政11年にシーボルトが5年の任期を終えて帰国する際、日本地図などの禁制品を持ち出そうとしたことに端を発する。伊能忠敬作成の日本地図を渡した高橋景保は、死罪となった

江戸時代に誕生して幻となった工芸品と、今も残る伝統的工芸品

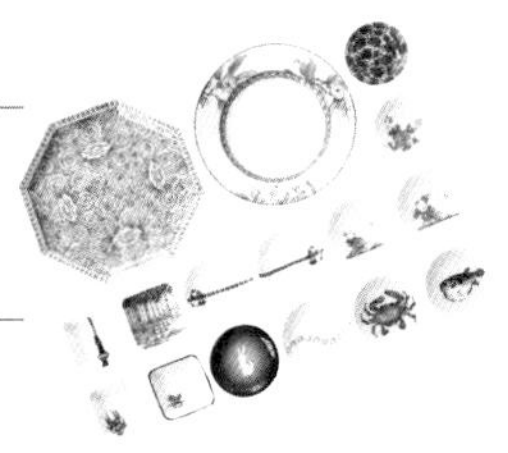
▶およそ400年の歴史を誇る三川内焼
(写真:長崎県観光連盟)

国内外で人気だった工芸品

江戸時代、工芸の分野でも中国やオランダ、ポルトガルの影響を強く受けた長崎では、異国趣味にあふれた工芸品が作られるようになった。漆器細工や青貝(あおがい)細工は海外へ数多く輸出され、陶磁器類や眼鏡細工、硝子、土圭(とけい)(時計)細工などは長崎土産として人気を博していた。

こうした工芸品のなかには、すでに伝統が途絶えてしまった幻の品もある。文化4年(1807)に開窯(かいよう)した「亀山焼(かめやまやき)」は、中国から取り寄せた青藍の顔料を用いた上質の染付磁器を作り、やがて御用陶器所にまで至ったが、慶応元年(1865)に経営難により廃窯。跡地は坂本龍馬が率いる亀山社中の活動拠点になった。

「青貝細工」は、極薄の貝の裏に彩色を施す特殊な技法によって絵画的な表現を可能にした螺鈿(らでん)細工。絢爛豪華な品は、ヨーロッパなどに輸出されていたが、原材料の入手が困難だったことや緻密で複雑な技法だったことなどから、大正時代初期に途絶えてしまった。

「長崎ガラス」は、ビードロ、ギヤマンと呼ばれたガラス工芸品とともに、その製造技術が長崎にもたらされて作られるようになったもの。その歴史は17世紀中頃から始まっており、明

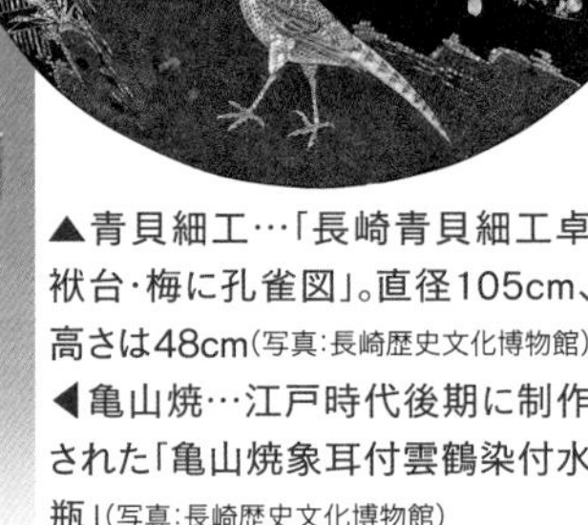

▲青貝細工…「長崎青貝細工卓袱台・梅に孔雀図」。直径105cm、高さは48cm(写真:長崎歴史文化博物館)
◀亀山焼…江戸時代後期に制作された「亀山焼象耳付雲鶴染付水瓶」(写真:長崎歴史文化博物館)
▶長崎ガラス…長崎ガラス最初期の一つと考えられている「長崎ガラス重箱」(写真:長崎歴史文化博物館)

＊御用窯とは、藩の庇護下にあった窯のこと。藩からの命で、藩の什器や献上品を専門に作っていた。藩窯ともいう。

治、大正、昭和と続き、さまざまな品を生み出していったが、第二次世界大戦後に会社の統廃合によって長崎からガラスメーカーは姿を消し、その歴史に幕を下ろすことになった。

3つの国指定伝統的工芸品

今も残る工芸品のなかには、経済産業大臣が指定する伝統的工芸品が3品目ある。

慶長3年(1598)に開窯した三川内(みかわち)焼は、現在の佐世保市三川内町を中心に作られてきた。平戸藩の御用窯*となり、「透かし彫り」や「置き上げ」といった細工を施した磁器を生産。技術の粋を集めた器の数々は幕府や朝廷へ献上され、その製法は門外不出であった。とくに明治時代後期から昭和時代前期にかけては名工が続出し、国内外に向けた高級食器などが盛んに作られた。現在は伝統を受け継ぎながらも、多様なニーズに合わせた日用雑器なども手がけている。

波佐見(はさみ)焼は、現在の波佐見町付近で約400年にわたって作られてきた陶磁器で、白磁の透けるような美しさと藍色で絵付けされた繊細な染付が特徴である。17世紀前半から磁器の一大生産地となり、「くらわんか碗」と呼ばれる茶碗など、安価な日用食器を大量に生産。伊万里商人の手によって全国に流通し、大流行した。現在も庶民の器として人気が高く、日用食器では、美濃焼に次いで第2位のシェアを誇っている。

長崎べっ甲は、長崎市や諫早市などで生産されてきた工芸品。17世紀前半に中国から加工技術と材料であるタイマイの甲羅が輸入されるようになり、制作が始まった。かんざしや櫛などが作られたが、高価であったため、入手できたのは各地の大名などに限られた。

明治時代以降は、来日した外国人の間で評判となり、さまざまなデザインの品が生まれるようになったが、昭和55年(1980)に日本がワシントン条約**を批准すると、タイマイの輸入が禁止に。近年は持続可能な産業へ向けて、タイマイの養殖事業が進められている。

▲波佐見焼…モダンな色合いやデザインで、比較的安価なため気兼ねなく日常使いできる
(写真:長崎県観光連盟)

◀長崎べっ甲…かんざしやネックレス、ペンダントなどのアクセサリー類が多い

◀三川内焼…器面の一部をくり抜いて模様を表す透かし彫りが施された花瓶
(写真:長崎県観光連盟、SASEBO)

＊＊正式には「絶滅のおそれのある野生動植物の種の国際取引に関する条約」といい、絶滅の恐れのある野生動植物の保護を目的としている。

海外の食材・料理が流入し、独自の食文化が花開いた長崎県の和華蘭(わからん)料理

長崎の食の特色が凝縮した卓袱料理▲

食の玄関口・長崎

16世紀中期以降、ポルトガルや中国との交易が盛んになるにつれて、さまざまな食材や調理法が日本に入ってきた。それまで日本になかった野菜や果物、食べる習慣のなかった肉類や乳製品などが次々と長崎に伝わり、ユニークな食文化が形成されるようになった。

こうして誕生した長崎ならではの料理は、和(日本)、華(中国)、蘭(ポルトガルやオランダ)の食文化がミックスされていることから「和華蘭料理」とも呼ばれている。

和華蘭料理を代表するのが、卓袱(しっぽく)料理である。朱塗りの円卓に大皿に盛られた料理が並べられ、それを各人が小皿に取り分けて食べる。江戸時代、唐人(中国人)が市中に住んでいた頃、身分や文化の違いを気にせずに食事を楽しむために考案されたといわれる。卓袱料理では、新鮮な地魚の刺身などの日本料理に加えて、オランダから伝わったというパスティや中国伝来の東坡肉(トンポーロー)(豚の角煮)など国際色あふれるメニューが提供される。

卓袱料理(長崎県)

パスティ
具材を煮込んだスープにパイ生地で蓋をして焼き上げた料理。江戸時代にオランダ人から伝わったとされる

東坡肉
豚のバラ肉をことこと煮込んだ、中国伝来の料理

大鉢
おもに季節の食材を使った和の料理で、店ごとに特色ある一品が提供される

煮豆
黒豆や、隠元隆琦(いんげんりゅうき)禅師が日本に持ち込んだとされるインゲン豆を煮たもの

刺身
長崎の近海でとれた新鮮な魚介類のお刺身

お鰭(ひれ)
鯛や野菜などが入った吸い物。女将の「お鰭をどうぞ」という挨拶から卓袱料理は始まる

梅椀
食事のしめの甘いもの。餅入りの汁粉が一般的

(写真:長崎県観光連盟)

長崎天ぷら（長崎県）

衣に砂糖や塩、醤油などの調味料が加えられており、天つゆは不要でそのまま食べる。ポルトガル人が食べていたフリッターが原型とされる

鯨じゃが（長崎県）

縄文時代から捕鯨が行われていた長崎県ならではの鯨料理。肉じゃがが生まれた近代以降に鯨肉を入れたものが家庭料理として広まった

ちゃんぽん（長崎県）

起源については諸説あるが、明治時代中期に「中華料理 四海樓」の陳平順（ちんへいじゅん）が、福建料理の「湯肉絲麺（トンニーシーメン）」をベースに生み出したといわれる

ヒカド（長崎市）

ポルトガル人宣教師らが食べていたシチューが広まり、地元の魚や野菜を使った独自料理に変化した。すりおろしたサツマイモでとろみをつけるのが特徴

ハトシ（長崎市）

エビのすり身をパンで挟んで揚げた料理で、明治時代に清国から伝わった。エビの代わりに魚のすり身やはんぺんを用いることもある

ぬっぺ（諫早市）

小さく切った根菜類や麩を煮込み、とろみをつけたもの。法事での精進料理や、鶏肉などを加えて祝い料理としても提供されてきた

鼻はじき（諫早市）

細長く切ったキュウリやニンジンなどの食材を放射状に並べ、辛子酢みそをつけて食べる。辛子酢みそが鼻にツンとくることから名付けられた

具雑煮（島原半島）

餅をはじめ鶏肉やかまぼこなどの具をたっぷり入れた雑煮。島原・天草一揆（☞P68）の際にこの料理を食べながら籠城戦を続けたと伝わる

かんざらし（島原市）

江戸時代から食べられてきたデザート。白玉粉の団子を湧水で冷やし、砂糖やハチミツなどで作った特製の蜜をかけて食べる

かんころ餅（五島地方）

かんころとは、五島地方の方言で薄く切って干したサツマイモのこと。それを餅に混ぜたもので、冬期の保存食として食べられてきた

＊写真提供：農林水産省…長崎天ぷら、鯨じゃが、ヒカド、ハトシ、ぬっぺ、鼻はじき、具雑煮

砂糖文化を広めたシュガーロードとスイーツの数々

ポルトガル伝来の砂糖菓子、有平糖（長崎市）▲

長崎から広まった砂糖を使う食文化

元亀2年（1571）に貿易港として開港した長崎には、ポルトガル人によってさまざまなヨーロッパの伝統文化や食文化がもたらされた。食べ物ではパンや天ぷらのほか、カステラ、金平糖、ボウロ、キャラメル、ビスケットなど、砂糖を使う菓子も数多く伝わり、名称が日本語として定着したものも多い。

江戸時代には、長崎市内に造られた出島が鎖国下の日本で唯一の西洋との海外貿易の窓口となり、長崎に入ってきた西洋文化は、長崎と九州の玄関口だった小倉を結ぶ長崎街道を経て、大坂や京都、江戸へと広まった。17世紀には、オランダや中国との貿易が盛んになり、主力貿易品のひとつとして砂糖が大量に輸入されるようになる。

長崎で荷揚げされた砂糖は長崎会所が一括購入し、入札によって国内の商人に販売され、全国各地に流通した。しかし、これらの正規の輸入ルートとは別に、オランダ人や中国人から日本人へのプレゼントとして用いられた「貰砂糖」、船の荷役たちに与えられた「盈物砂糖」、さらには貿易で余った砂糖をゆかりの唐寺に寄進する「寄進砂糖」といったものもあり、これらの多くは長崎市中に出回った。

かつての長崎で言われた「長崎の遠か」という言葉は、料理の甘みが足りないときに砂糖をケチったことを揶揄したもの。砂糖はまさに長崎の代名詞だったことがうかがえる。まだ日本人の多くが砂糖を口にしたことがなかった時代にも、長崎の市井の人々の間では砂糖が浸透しており、それらの大量の砂糖や西洋の菓子作りの製法は、長崎にとどまらず、長崎街道を往来する人々によって周辺の地域へと伝えられた。長崎、佐賀、福岡にまたがる長崎街道は別名「シュガーロード」とも呼ばれ、親しまれている。

各地に砂糖が伝播し独自の菓子に発展

シュガーロード沿いの地域では、砂糖を使った食文化や西洋・中国に起源をもつ独自の食文化が発展した。なかでも、もっとも知られているのは長崎市の「カステラ」だろう。カステラは、寛永元年（1624）創業の福砂屋の初代がポルトガル人から製法を学んだとされる。

肥前の穀倉地帯だった諫早市では、江戸時代に余剰米と砂糖を用いた「諫早おこし」が生まれた。大村市の伝統的な郷土料理「大村寿司」は、戦国時代、戦に敗れ領地を奪われた大村純伊が6年後に領地を取り戻した際、喜んだ領民らがお祝いのために急ごしらえで作った押し寿司が起源といわれる。江戸時代に砂糖が入手しやすかったため、現在のような甘い味付けになったという。

諸説あるが、「ボウロ」と呼ばれていた南蛮菓子の製法は、佐賀の菓子商・二代目鶴屋太兵衛によって長崎から佐賀に伝えられ、佐賀県を代表する銘菓「丸ぼうろ」になり、福岡藩御用商人の大番頭・初代松屋利右衛門は、「フィオス・デ・オーヴォス(卵の糸の意味)」と呼ばれていた卵黄と砂糖のみで作るポルトガル菓子の製法を学んで博多に持ち帰り、「鶏卵素麺」と名付け広めたとされる。

また、初代松山藩主・松平定行がタルトの製法を松山に、長崎で蘭学を学んでいた岩村藩(現岐阜県)の藩医・神谷雲澤がカステラの製法を岩村に持ち帰るなど、南蛮菓子製法の技術は長崎から九州、そして全国へと広まり、今日では各地の伝統銘菓として継承されている。

ぬくめ細工(長崎市)

有平糖に落雁粉を加え、細工しやすくしたもの。長崎くんち(☞P130)で、表通りの店舗等に傘鉾などを飾る庭見世には欠かせない

ザボン漬(長崎市)

ザボン(ポルトガル語のザンボアに由来)の皮を砂糖漬けにした保存食で、ポルトガルから伝わった。やさしい甘みと苦みが口に広がる

シュガーロードMAP

0　20km

千鳥饅頭
名菓ひよ子
なんばん往来

金平糖
栗饅頭
くろがね羊羹

寿賀台
ケシアド

小城羊羹

北九州市
飯塚市
福岡県
佐賀市
小城市
佐賀県

ふなんこぐい
逸口香
金華糖

嬉野市
長崎県
大村市

へこはずしおこし

諫早市

口砂香
寒菊

長崎市

出典：シュガーロード連絡協議会HPの地図をもとに作成

カステラ(長崎市)

16世紀の南蛮貿易により、ポルトガルから日本へ伝わった。底にザラメ糖が残っているのが長崎カステラの特徴

(写真：(一社)長崎県観光連盟)

諫早おこし(諫早市)

米と砂糖が貴重だった時代に街道の宿場町で誕生した贅沢なスイーツ。黒砂糖を使った「黒おこし」が定番

大村寿司(大村市)

シャリに砂糖を使用した、ほんのり甘い味付けが特徴。地元では祝い事のほか、花見や宴会などにも登場する

長崎人が熱狂する異国情緒漂う祭、地域色豊かな伝統行事

諏訪神社に奉納される勇ましい龍踊（じゃおどり）▲

市民総出の長崎くんち

長崎の一大イベントといえば、400年近く続く「長崎くんち」。長崎の氏神である鎮西大社 諏訪神社の秋季大祭で、毎年10月7～9日に行われる。長崎市民には「おくんち」として親しまれており、おくんちが大好きでたまらない人を指す「くんちバカ」という言葉もあるほど、長崎を代表する祭だ。

その起源は、出島着工、眼鏡橋完成と同じ寛永11年(1634)。高尾（たかお）と音羽（おとわ）という2人の遊女が、諏訪神社の神前に謡曲「小舞（こめえ）」を奉納したことが始まりといわれている。以来、歌舞伎を模した奉納踊や外国船の曳き物が登場するなど、祭礼は次第に豪華になり、各時代の流行を取り入れた奉納踊が確立されていった。

踊りを奉納する町のことを踊町（おどりちょう）といい、2023年現在、長崎市内には58カ所の踊町がある。全町が7つの組に区分され、7年に一度、奉納踊を披露する当番が回ってくる。長唄に合わせて踊る本踊（ほんおどり）のほか、鯨の潮吹き、コッコデショなどの華麗な演（だ）し物もあり、奉納踊は国指定重要無形文化財となっている。くんちの語源は、重陽（ちょうよう）の節句*にあたる旧暦の9月9日(くにち)をくんちと読み、祭礼日としたとする説が有力だ。

「長崎ランタンフェスティバル」は、もともとは中国の旧正月を祝う春節祭として昭和62年(1987)に始まり、長崎新地中華街を中

▲長崎くんちで人気の演し物のひとつ「コッコデショ」。屋根に座布団を5枚積み重ねた太鼓山を36人が担ぎ、太鼓の音で回したり投げたりする

▲旧暦の1月1～15日に開催される中国色豊かなイベント「長崎ランタンフェスティバル」は、長崎の冬の風物詩として定着している

*古代中国から伝わった五節句のひとつ。中国、香港、マカオなどの伝統的な祝日

▼長崎港で熱い戦いが繰り広げられる「長崎ペーロン選手権大会」。勇ましい掛け声と、太鼓と銅鑼に合わせて各チームが船を漕ぐ

心に行われてきた。今では規模を拡大し、市内中心部に約1万5000個のランタン(中国提灯)が飾られ、各会場では中国雑技や中国獅子舞などのイベントが15日間にわたって繰り広げられる。

毎年7月に長崎港で行われる「長崎ペーロン選手権大会」は、360年余りの歴史をもつ伝統行事。日本のボートレースの元祖ともいわれるペーロンは、承応4年(1655)頃、中国から長崎に伝わったとされ、18世紀末頃には長崎近辺の町で盛んに行われたという。

島々に古くから根付く行事

離島でもさまざまな伝統が脈々と受け継がれている。そのひとつが、福江島(ふくえじま)の五島市下崎山地区に古くから伝わる「ヘトマト」だ。白浜神社の境内での宮相撲の奉納から始まり、その後、俵の上に乗った新婚の女性2人が行う「羽根つき」、ヘグラと呼ばれる煤を体に塗った男性が藁玉を奪い合う「玉せせり」、豊作と大漁を占う「綱引き」と続く。最後に、長さ約3mの大草履を男性たちが担いで山城神社へ奉納して終わるが、その途中で、見物している女性を捕まえて何度も胴上げをする。子孫繁栄や無病息災の祈願、豊凶の占いなどが混在した珍しい民俗行事だ。

壱岐島(いきのしま)で約700年にわたり伝承されてきた「壱岐神楽」は、壱岐の神社に奉職する神職にしか舞いや演奏が許されない神事芸能。譜面などはなく口頭でのみ伝えられ、たたみ2畳の小さな舞台で披露される。各神社では、秋から冬にかけて毎日のように神楽が奉納されるが、なかでも約7時間におよぶ大大神楽はもっとも厳粛なもので、8月と12月の年2回のみ奉納される。

「対馬の盆踊」は、九州最北端の離島・対馬の各集落に伝わる風流踊＊＊。その起源は、室町時代の念仏踊にまで遡ると考えられる。昔は旧暦7月の盆に、各集落の旧家の長男を中心に踊られていた。踊り子は6～12人ほどで、二列縦隊が基本の形。その周囲で太鼓や歌い手が演奏する。集落によってさまざまな曲が伝承されており、手振りや扇使いなどの所作が独特で、なぎなたや杖などの道具を使う「採り物踊」や、物語を演じる「仕組踊」など多彩な踊りが含まれる。対馬の盆踊は風流踊のひとつとして、2022年にユネスコの無形文化遺産に登録された。

▶大きな草履を担いで神社へ移動する途中、女性を草履に乗せて胴上げを繰り返すユニークな行事「ヘトマト」。名称の意味や由来は明らかではない

(P130-131写真5点：(一社)長崎県観光連盟)

＊＊衣装や持ち物に趣向を凝らし、歌や囃子に合わせて踊る民俗芸能

国語のコラム

外国語由来の語彙もある
長崎の方言

長崎の方言の特徴

「長崎ばってん、江戸べらぼう……」とは、江戸や長崎などの代表的な方言を並べたもので、こうした言葉が生まれるほど、長崎の方言は代表的なお国言葉として知られていた。

長崎の方言の特徴としては、現在の福岡県西部や佐賀県、熊本県などを含む肥筑（ひちく）方言に属するため、これらの地域と似た表現が見られることが挙げられる。

例えば、長崎の代表的な方言である語尾の「〜バイ(〜だよ)」は、福岡県の筑豊（ちくほう）弁などに、接続助詞「〜ケン(〜だから)」の使用や、形容詞の語尾がカになる「カ語尾（よい→よか)」は博多弁にも見られる。しかし、長崎には島が多く、天領のほか大村や島原、平戸などの諸藩に分かれていたため、地域によって語彙やアクセントには若干の違いがある。

長崎の方言のもう一つの特徴は、オランダやポルトガル、中国の影響を少なからず受けていることである。例えば、「バンコ(長いす、踏み台)」はポルトガル語に、「ドワッシェン(落花生)」は中国語に由来した長崎の方言である。しかし、こうした特殊な語彙は使用者が激減しており、「〜バイ」といった基本的な語彙を除き、方言の伝承が危ぶまれている。

主な長崎の方言

長崎弁	標準語	長崎弁	標準語
イッチョン	全然	ヌッカ	暑い
オイ	私	ノンノカ	美しい
カラウ	背負う	バッテン	しかし
コギャン	こんなに	ヒモシカ	お腹が空いた
ゴタル	〜のようだ	フウケモン	ばかもの
サバク	髪をとかす	フトカ	大きい
ジャガイモ	靴下に穴が空いている様子	ホゲル	穴があく
ズッキャンキャン	肩車	マッポシ	まっすぐ
ズル	体をずらす	ヤゼカ	うざったい
ツバ	唇	ワイ	あなた

算数

現在の長崎県人口と世帯数、面積

長崎県は、13市・8町の21市町で構成される。現在の長崎県の姿になったのは、明治16年(1883)のことで、明治22年に市町村制が施行された当時は、長崎市のほか15町、289村で構成されていた。県の地勢は、陸地の大部分が半島と島によって形成されているのが特徴で、とくに島の数は1479もあり全国で最も多い。

長崎県(2023年8月1日現在)

人口　126万8216人

世帯数　55万8362

面積　4131.06㎢
(2023年4月現在)

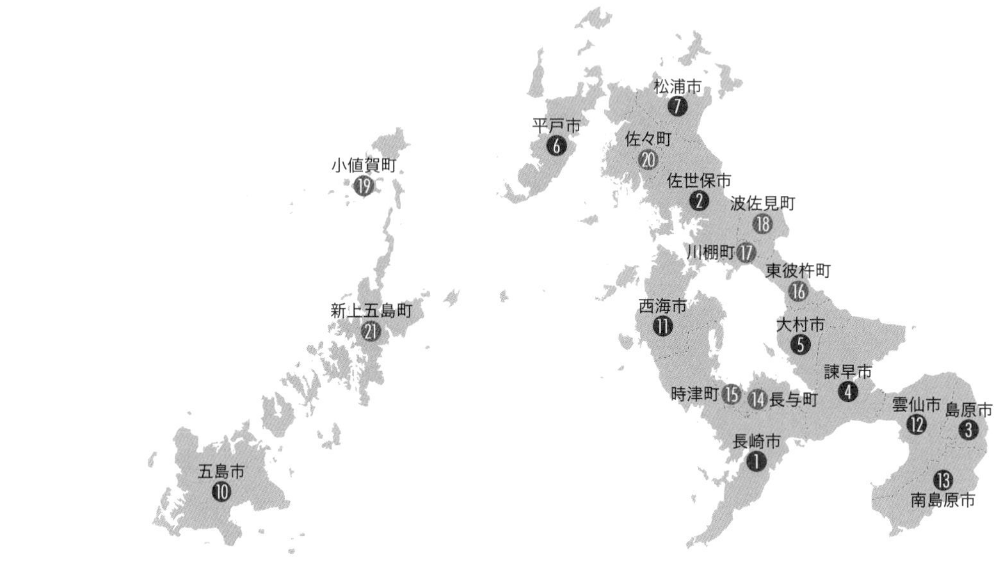

❶長崎市
人口 39万4212人
世帯数 18万6541
面積 405.69㎢

❷佐世保市
人口 23万3931人
世帯数 10万3212
面積 426.01㎢

❸島原市
人口 4万1572人
世帯数 1万7006
面積 82.96㎢

❹諫早市
人口 13万1979人
世帯数 5万4615
面積 341.79㎢

❺大村市
人口 9万6508人
世帯数 4万925
面積 126.73㎢

❻平戸市
人口 2万7677人
世帯数 1万1791
面積 235.12㎢

❼松浦市
人口 2万164人
世帯数 8674
面積 130.55㎢

❽対馬市
人口 2万6721人
世帯数 1万2375
面積 707.42㎢

❾壱岐市
人口 2万3460人
世帯数 9545
面積 139.42㎢

❿五島市
人口 3万2708人
世帯数 1万6283
面積 420.12㎢

⓫西海市
人口 2万4772人
世帯数 1万936
面積 241.84㎢

⓬雲仙市
人口 3万9681人
世帯数 1万5308
面積 214.31㎢

⓭南島原市
人口 3万9641人
世帯数 1万5726
面積 170.13㎢

⓮長与町
人口 3万9388人
世帯数 1万5975
面積 28.73㎢

⓯時津町
人口 2万9257人
世帯数 1万1831
面積 20.94㎢

⓰東彼杵町
人口 7442人
世帯数 2701
面積 74.29㎢

⓱川棚町
人口 1万2837人
世帯数 5184
面積 37.25㎢

⓲波佐見町
人口 1万3914人
世帯数 5172
面積 56.00㎢

⓳小値賀町
人口 2151人
世帯数 1073
面積 25.50㎢

⓴佐々町
人口 1万3907人
世帯数 5528
面積 32.26㎢

㉑新上五島町
人口 1万6294人
世帯数 7961
面積 213.99㎢

(データについての注釈)
人口・世帯数は2023年8月1日現在、「長崎県異動人口集計表」より
面積は国土交通省国土地理院公表の「令和5年全国都道府県市区町村別面積調」より

長崎県の市町村数の変遷

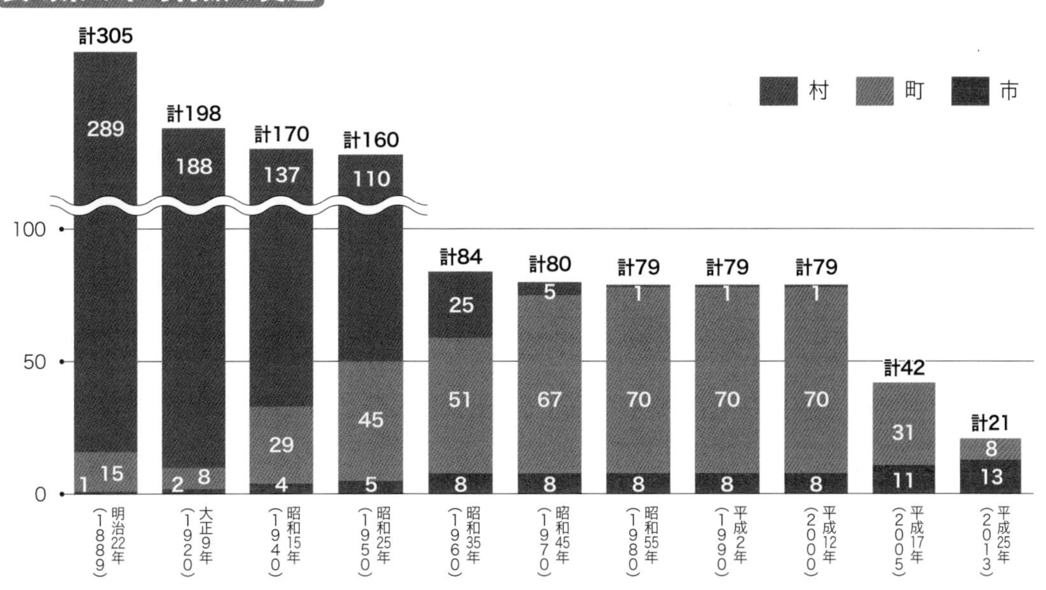

明治時代～令和の長崎県の人口推移と現在の年齢別人口

長崎県の人口は、昭和34年(1959)の179万2000人がピークであった。また、全国平均よりも早い2025年には老年人口*がピークを迎えることが予想されている。今後2040年までの人口減少は、県内の全市町で起こると推測され、特に離島や半島地域については減少率が大きいとされる。人口ピラミッドは、2つの山がある、くぼんだ釣鐘型である。

「長崎県異動人口調査」「人口動態総覧、長崎県の年次推移」より

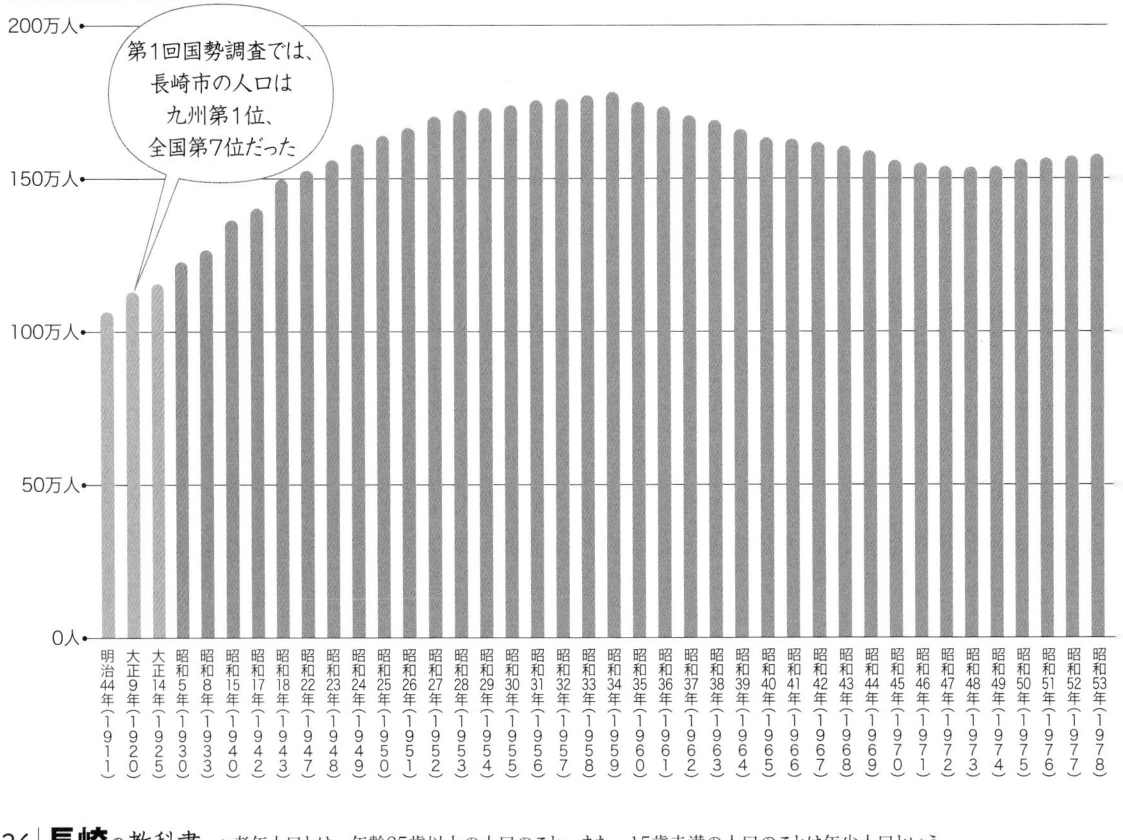

200万人
150万人
100万人
50万人
0人
第1回国勢調査では、長崎市の人口は九州第1位、全国第7位だった
明治44年(1911)
大正9年(1920)
大正14年(1925)
昭和5年(1930)
昭和8年(1933)
昭和15年(1940)
昭和17年(1942)
昭和18年(1943)
昭和22年(1947)
昭和23年(1948)
昭和24年(1949)
昭和25年(1950)
昭和26年(1951)
昭和27年(1952)
昭和28年(1953)
昭和29年(1954)
昭和30年(1955)
昭和31年(1956)
昭和32年(1957)
昭和33年(1958)
昭和34年(1959)
昭和35年(1960)
昭和36年(1961)
昭和37年(1962)
昭和38年(1963)
昭和39年(1964)
昭和40年(1965)
昭和41年(1966)
昭和42年(1967)
昭和43年(1968)
昭和44年(1969)
昭和45年(1970)
昭和46年(1971)
昭和47年(1972)
昭和48年(1973)
昭和49年(1974)
昭和50年(1975)
昭和51年(1976)
昭和52年(1977)
昭和53年(1978)

＊老年人口とは、年齢65歳以上の人口のこと。また、15歳未満の人口のことは年少人口という

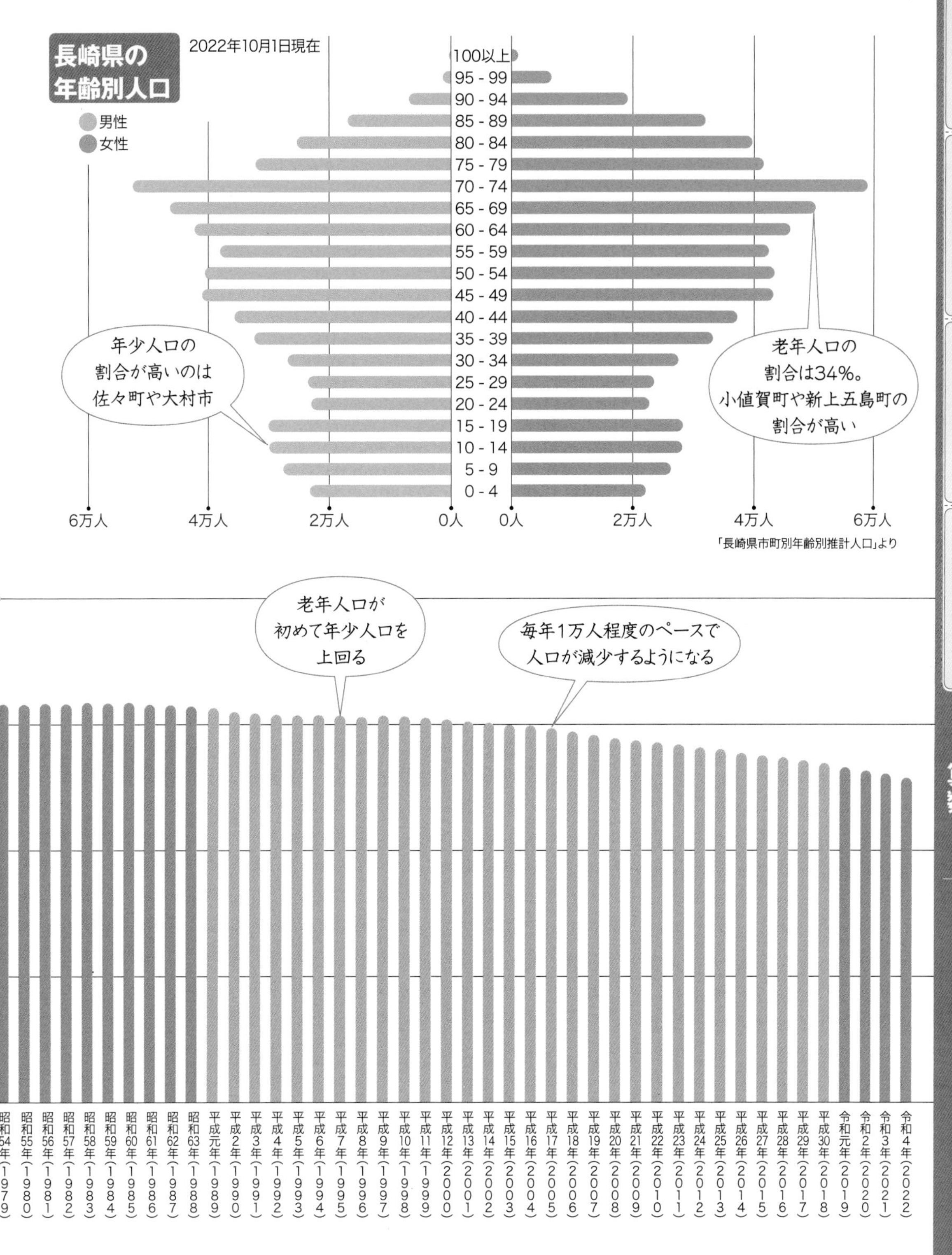
長崎県の
年齢別人口
2022年10月1日現在
男性
女性
100以上
95 - 99
90 - 94
85 - 89
80 - 84
75 - 79
70 - 74
65 - 69
60 - 64
55 - 59
50 - 54
45 - 49
40 - 44
35 - 39
30 - 34
25 - 29
20 - 24
15 - 19
10 - 14
5 - 9
0 - 4
6万人
4万人
2万人
0人
0人
2万人
4万人
6万人
年少人口の
割合が高いのは
佐々町や大村市
老年人口の
割合は34%。
小値賀町や新上五島町の
割合が高い
「長崎県市町別年齢別推計人口」より
老年人口が
初めて年少人口を
上回る
毎年1万人程度のペースで
人口が減少するようになる
昭和54年(1979)
昭和55年(1980)
昭和56年(1981)
昭和57年(1982)
昭和58年(1983)
昭和59年(1984)
昭和60年(1985)
昭和61年(1986)
昭和62年(1987)
昭和63年(1988)
平成元年(1989)
平成2年(1990)
平成3年(1991)
平成4年(1992)
平成5年(1993)
平成6年(1994)
平成7年(1995)
平成8年(1996)
平成9年(1997)
平成10年(1998)
平成11年(1999)
平成12年(2000)
平成13年(2001)
平成14年(2002)
平成15年(2003)
平成16年(2004)
平成17年(2005)
平成18年(2006)
平成19年(2007)
平成20年(2008)
平成21年(2009)
平成22年(2010)
平成23年(2011)
平成24年(2012)
平成25年(2013)
平成26年(2014)
平成27年(2015)
平成28年(2016)
平成29年(2017)
平成30年(2018)
令和元年(2019)
令和2年(2020)
令和3年(2021)
令和4年(2022)

長崎県の市町の地価

長崎県の市町の地価公示価格の最高価格の一覧。2023年の調査結果を見ると、西九州新幹線の開業や新型コロナウイルス感染症の影響が薄れたため、「住宅地」と「商業地」が2年連続で上昇。また、「工業地」は25年ぶりに上昇に転じた。

地価公示価格とは
国土交通省土地鑑定委員会が公示区域内の標準的な地点（標準地）を選定し、毎年1月1日時点の正常な価格を判定し、公表する。
長崎県には263の標準地がある。

各市町の地価公示価格最高値一覧

市町名	所在地	1㎡あたりの価格
長崎市	浜町	96万3000円
佐世保市	島瀬町	58万
島原市	城内3丁目	5万6700円
諫早市	栄町	7万3700円
大村市	松並2丁目	5万7000円
平戸市	木引田町字木引田町	4万9000円
松浦市	志佐町里免字栗毛田	3万5500円
対馬市	厳原町今屋敷	5万8200円
壱岐市	郷ノ浦町郷ノ浦字本居	1万2100円
五島市	栄町	3万6600円

市町名	所在地	1㎡あたりの価格
西海市	大島町字間瀬先	2万4600円
雲仙市	小浜町北本町字馬場田	4万800円
南島原市	有家町中須川字中小袖	3万4700円
長与町	嬉里郷字五反田	9万4500円
時津町	浦郷字牧出	14万1000円
東彼杵町	蔵本郷字蔵本	2万1700円
川棚町	栄町	3万1000円
波佐見町	宿郷字茅地ノ原	2万4700円
佐々町	本田原免字沖田	5万1500円
新上五島町	青方郷字新町	2万6500円

対前年変動率

区分	住宅地	商業地	工業地	全用途
平均変動率	+0.6%	+0.8%	+0.1%	+0.6%

地点別順位

区分		第1位	第2位	第3位
価格順	住宅地	長崎市上西山町 27万5000円	長崎市平和町 24万6000円	長崎市伊良林1丁目 22万3000円
	商業地	長崎市浜町 96万3000円	長崎市五島町 78万6000円	佐世保市島瀬町 58万円
上昇率順	住宅地	長崎市上西山町 27万5000円(+6.6%)	長崎市伊良林1丁目 22万3000円(+6.2%)	長崎市本原町 17万7000円(+5.4%)
	商業地	長崎市宝町 42万3000円(+5.5%)	長崎市五島町 78万6000円(+5.4%)	長崎市桜馬場1丁目 32万7000円(+5.1%)

各市町の用途別土地の平均価格

※令和5年長崎県地価調査*結果による

市町名	住宅地	商業地	工業地	全用途
長崎市	4万8700円	30万200円	2万9400円	11万7700円
佐世保市	2万8300円	10万1000円	1万8700円	4万4100円
島原市	1万9100円	3万9500円		2万5400円
諫早市	2万6300円	4万8800円	2万6300円	3万3400円
大村市	3万2100円	5万6900円	1万8800円	3万6700円
平戸市	9900円	2万5900円		1万3300円
松浦市	8500円	1万3700円		9900円
対馬市	1万2000円	2万7400円		1万5600円
壱岐市	9000円	2万800円		1万2100円
五島市	8100円	1万8100円		1万600円
西海市	8100円	2万4700円		1万1400円
雲仙市	1万2900円	2万6700円		1万6200円
南島原市	1万2300円	2万3500円		1万5300円
長与町	5万2400円	8万800円		5万9500円
時津町	5万1900円	8万9200円		5万9100円
東彼杵町	1万1200円	1万7500円		1万2400円
川棚町	1万8400円	2万9400円		2万1100円
波佐見町	1万6000円	1万8800円		1万6700円
小値賀町	5300円	1万3300円		7300円
佐々町	2万4300円	3万8500円		2万7800円
新上五島町	7900円	1万5900円		9500円

* 地価調査とは、都道府県知事が、毎年7月1日時点における標準価格を判定するもの。土地取引規制に際しての価格審査や地方公共団体などによる買収価格の算定の規準となる

主要参考文献（年代順）

伊川健二著『**世界史のなかの天正遣欧使節**』（吉川弘文館/2017年）
荒木和憲著『**対馬宗氏の中世史**』（吉川弘文館/2017年）
NHK「ブラタモリ」制作班監修『**ブラタモリ1 長崎 金沢 鎌倉**』（KADOKAWA/2016年）
NPO西山夘三記念すまい・まちづくり文庫編
『**軍艦島の生活〈1952／1970〉 住宅学者西山夘三の端島住宅調査レポート**』（創元社/2015年）
黒沢永紀著『**軍艦島 奇跡の産業遺産**』（実業之日本社/2015年）
坂本道徳著・高木弘太郎写真『**軍艦島 廃墟からのメッセージ**』（亜紀書房/2014年）
河内春人著『**東アジア交流史のなかの遣唐使**』（汲古書院/2013年）
瀬野精一郎・新川登亀男・佐伯弘次・五野井隆史・小宮木代良編『**県史42 長崎県の歴史**』（山川出版社/2012年）
長崎新聞社・長崎歴史文化博物館編『**孫文・梅屋庄吉と長崎 受け継がれる交流の架け橋**』（長崎新聞社/2011年）
山本博文著『**殉教 日本人は何を信仰したか**』（光文社/2009年）
長崎県南島原市監修『**原城と島原の乱　有馬の城・外交・祈り**』（新人物往来社/2008年）
原田博二著『**図説 長崎歴史散歩 大航海時代にひらかれた国際都市**』（河出書房新社/1999年）
アレキサンダー・マッケイ著　平岡緑訳『**トーマス・グラバー伝**』（中央公論社/1997年）
外山幹夫編『**図説 長崎県の歴史**』（河出書房新社/1996年）
神近義邦著『**ハウステンボスの挑戦**』（講談社/1994年）
杉山伸也著『**明治維新とイギリス商人 トマス・グラバーの生涯**』（岩波新書/1993年）
上之郷利昭著『**ハウステンボス物語 男たちの挑戦**』（プレジデント社/1992年）
瀬古確著『**東歌と防人歌 東国万葉の跡を訪ねて**』（右文書院/1978年）
松田毅一著『**史譚 天正遣欧使節**』（講談社/1977年）

主要参考ホームページ（五十音順）

壱岐市立一支国博物館…http://www.iki-haku.jp/
諫早湾干拓事業…https://www.pref.nagasaki.jp/bunrui/shigoto-sangyo/nogyo/isakan/
雲仙観光局「雲仙」…https://www.unzen.org/#banner1
大村市歴史資料館…https://www.omura-dejihaku.jp/omura/
環境省 雲仙天草国立公園…https://www.env.go.jp/park/unzen/
環境省 西海国立公園…https://www.env.go.jp/park/saikai/
北九州市立自然史・歴史博物館　いのちのたび博物館…https://www.kmnh.jp/
旧グラバー住宅…https://glover-garden.jp/about/glover-house/
九州森林管理局 御岳ツシマヤマネコ希少固体群保護林…https://www.rinya.maff.go.jp/kyusyu/keikaku/hogorin/tokutei/mitake.html
九州大学インターネット博物館「雲仙普賢岳の噴火とその背景」…http://museum.sci.kyushu-u.ac.jp/
郷土学習資料「ふるさと長崎県」…https://www.pref.nagasaki.jp/bunrui/kanko-kyoiku-bunka/shochuko/jigyou-chousa-shochuko/kyoudo/
キリンホールディングス「歴史人物伝」…https://museum.kirinholdings.com/person/kindai/14.html
国営諫早湾干拓事業…https://www.city.isahaya.nagasaki.jp/soshiki/44/1632.html
国土交通省気象庁「雲仙岳　有史以降の火山活動」…https://www.data.jma.go.jp/svd/vois/data/fukuoka/504_Unzendake/504_history.html

五島列島 五島の島たび…https://goto.nagasaki-tabinet.com/
「西海橋」(国指定重要文化財) 長崎県…https://www.pref.nagasaki.jp/bunrui/machidukuri/doro-kotsu/saikaibashi/
JA全農ながさき…https://www.zennoh.or.jp/ns/
世界文化遺産 長崎と天草地方の潜伏キリシタン関連遺産…https://kirishitan.jp/
全員集合！ 雲仙ポータル…https://www.unzen-portal.jp/
出島～dejima～…https://nagasakidejima.jp/
長崎Webマガジン「長崎の町絵師・川原慶賀」…https://www.city.nagasaki.lg.jp/nagazine/hakken0611/
長崎街道シュガーロード…https://sugar-road.net/
長崎くんち＜長崎伝統芸能振興会＞…https://nagasaki-kunchi.com/
長崎県 うちの郷土料理：農林水産省…https://www.maff.go.jp/j/keikaku/syokubunka/k_ryouri/search_menu/area/nagasaki.html
長崎県漁業協同組合連合会…http://www.nsgyoren.jf-net.ne.jp/
長崎県のジオパーク…https://www.pref.nagasaki.jp/bunrui/kurashi-kankyo/shizenkankyo-doshokubutsu/geopark/
長崎県の土木遺産_1万人、土木・建築体験プロジェクト…https://www.doboku.pref.nagasaki.jp/ichimannin/dobokuisan.html
長崎県の文化財…https://www.pref.nagasaki.jp/bunkadb/
長崎原爆資料館…https://nabmuseum.jp/genbaku/
長崎市公式観光サイト「travel nagasaki」…https://www.at-nagasaki.jp/
長崎大学医学部医学科「旧章について」…https://www.med.nagasaki-u.ac.jp/med/contents/02_crest.html
ながさき旅ネット…https://www.nagasaki-tabinet.com/
ながさきの平和…https://nagasakipeace.jp/
長崎歴史文化博物館…http://www.nmhc.jp/
ながさき歴史・文化ネット…https://nagasaki-bunkanet.jp/
ナショナル ジオグラフィック ニュース…https://natgeo.nikkeibp.co.jp/nng/article/news/14/217/
日本遺産 ポータルサイト…https://japan-heritage.bunka.go.jp/ja/
日本大学理工学部「漁火光柱の発生条件に関する研究」…https://www.cst.nihon-u.ac.jp/research/gakujutu/64/pdf/O-23.pdf
平戸学-平戸市文化遺産データベース…https://www.hirado-net.com/hiradogaku/
福井県立恐竜博物館「長崎市の鳥脚類恐竜(ハドロサウルス上科)の歯の化石について」…https://www.dinosaur.pref.fukui.jp/research/2017Nagasakidino/
福岡県立図書館デジタルライブラリ…https://adeac.jp/fukuoka-pref-lib/
福井洞窟ミュージアム…https://www.fukuicave.jp/
文化遺産オンライン…https://bunka.nii.ac.jp/
松浦史料博物館…http://www.matsura.or.jp/
三菱グループサイト「三菱人物伝トマス・グラバー」…https://www.mitsubishi.com/ja/profile/history/series/people/01/
三菱商事「あゆみ 第10話 トマス・グラバー」…https://www.mitsubishicorp.com/jp/ja/mclibrary/roots/vol10/

ほか、各市区町村や観光協会のホームページ

索引

地名・施設名

できごと

人物

その他

大人のための**地元再発見**シリーズ

Nagasaki

長崎の教科書

2023年12月15日初版印刷
2024年1月1日初版発行

編集人…青木順子
発行人…盛崎宏行

●発行所
JTBパブリッシング
〒135-8165 江東区豊洲5-6-36
豊洲プライムスクエア11階

●企画・編集
情報メディア編集部
内山弘美

●編集・執筆
エイジャ(小野正恵、笹沢隆徳、新間健介、佐藤未来)
桐生典子
河合桃子

●歴史監修
河合 敦(多摩大学客員教授)

●写真・資料・編集協力
空撮 エアロ工房(尾関弘次)
Aflo
Amana images
PIXTA
photolibrary
カトリック長崎大司教区
三菱重工業㈱
長崎県観光連盟
2023 長崎の教会群情報センター
関係各施設・市町

●地図制作
アトリエ・プラン

●アートディレクション・表紙デザイン
川口デザイン 川口繫治郎

●本文デザイン
川口デザイン
オフィス鐵

●印刷
佐川印刷

ISBN978-4-533-15718-9 C0025

●本書に掲載している歴史事項や年代、由来は諸説ある場合があります。
本書の中で登場する図版やイラストは、事柄の雰囲気を伝えるもので、
必ずしも厳密なものではありません。